2022 中国金融标准化报告

China Financial Standardization Report

中国人民银行

中国金融出版社

责任编辑：肖　炜　董梦雅
责任校对：李俊英
责任印制：陈晓川

图书在版编目（CIP）数据

中国金融标准化报告．2022 / 中国人民银行编．—北京：中国金融出版社，2023. 12
ISBN 978-7-5220-2239-0

Ⅰ．①中…　Ⅱ．①中…　Ⅲ．①金融—标准化—研究报告—中国—2022　Ⅳ．①F832-65

中国国家版本馆 CIP 数据核字（2023）第 229392 号

中国金融标准化报告．2022
ZHONGGUO JINRONG BIAOZHUNHUA BAOGAO. 2022
出版
发行　中国金融出版社
社址　北京市丰台区益泽路 2 号
市场开发部　(010)66024766，63805472，63439533（传真）
网 上 书 店　www. cfph. cn
(010)66024766，63372837（传真）
读者服务部　(010)66070833，62568380
邮编　100071
经销　新华书店
印刷　北京侨友印刷有限公司
尺寸　210 毫米×285 毫米
印张　10. 25
字数　173 千
版次　2023 年 12 月第 1 版
印次　2023 年 12 月第 1 次印刷
定价　108. 00 元
ISBN 978-7-5220-2239-0

《中国金融标准化报告（2022）》

编委会

委　　员：（以姓氏笔画为序）

马　林　王丽静　王新华　贝劲松　史　黎　吕　罡
朱怀东　朱金渭　朱　钢　刘永江　刘　刚　许再越
许国爱　孙　莉　李　伟　李兴锋　李朝晖　杨富玉
余　辉　狄　刚　张文武　张晓东　张新宇　陈　林
金磐石　周国威　赵希同　俞吴杰　姜云兵　钱　斌
倪行军　徐　瀚　高　峰　唐　彬　涂晓军　黄　山
黄　晖　寇　冠　蒋东兴　程　立　程红莉　强群力
潘润红

审　　稿：（以姓氏笔画为序）

车　珍　冯　蕾　曲维民　吴海丽　沈筱彦　周夕崇
周祥昆　孟庆顺　程　源

统　　稿：（以姓氏笔画为序）

冯　蕾　刘子群　刘彼洋　刘　铮　李佳凝　张国权
金泽芬　唐　卓　韩婷婷　程广宁

执　　笔：（以姓氏笔画为序）

第一章：王　利　方　怡　冯　蕾　刘子群　李佳凝
张利歌　张晋钰　张海燕　贺　宇　高强裔

唐　卓　程广宁　谢彦丽　路　一

第二章：丁旸钧天　马春旺　冯　蕾　刘子群　段　然

唐　卓　谢彦丽

第三章：朱　立　刘　运　孙国栋　李　达　李　宽

肖斯锐　聂丽琴　贾　石　曹馨宇

第四章：王冠男　王　蒙　兰　翔　华　明　关义生

李　宽　吴永强　张　杰　陈法山　周　言

彭　晋　韩天悦

第五章：冯　蕾　刘子群　唐　卓　彭　城　谢彦丽

目　录

第一章　2022 年金融标准化发展综述

第二章　金融标准国际化

第三章　金融国际标准、国家标准和行业标准应用

第四章 金融团体标准和企业标准应用

第五章 2023年金融标准化工作展望

附 录

第一章
2022 年金融标准化发展综述

- 2022 年金融标准化工作概述
- 金融标准化管理
- 金融标准体系建设
- 金融标准化实践
- 金融标准化宣传
- 金融标准检测认证
- 金融标准实施评估

第一节　2022 年金融标准化工作概述

2022 年，在中国人民银行（以下简称人民银行）的领导和国家标准化管理委员会（以下简称国家标准委）的指导下，金融标准化工作以习近平新时代中国特色社会主义思想为指导，全面贯彻落实党的二十大精神和中央经济工作会议部署，深刻领悟“两个确立”的决定性意义，坚决做到“两个维护”，坚持不懈用党的创新理论指导实践、推动工作，坚持以人民为中心，立足新发展阶段、贯彻新发展理念、服务构建新发展格局，落实《金融标准化“十四五”发展规划》，以支撑金融业高质量发展为主题，以深化金融供给侧结构性改革为主线，以维护国家金融安全为底线，持续推进金融标准化改革创新，推动“金融标准　为民利企”走深走实，构建金融标准化发展新格局。

一、金融标准顶层设计日益完善

2022 年，人民银行联合国家市场监督管理总局（以下简称市场监管总局）、原中国银行保险监督管理委员会（以下简称原银保监会）、中国证券监督管理委员会（以下简称证监会）印发《金融标准化“十四五”发展规划》。证券领域发布《证券期货业信息交换标准规划（2022—2025）》《证券期货业技术管理标准规划（2022—2025）》等九项标准规划。原银保监会印发《中国保险业标准化“十四五”规划》，明确提出“十四五”时期推进金融业标准化发展的指导思想、基本原则、主要目标、重点任务和保障措施，并对证券期货业、保险业标准化工作进一步细化，对于立足新发展阶段，统筹推进金融标准化事业全面发展具有重要指导意义。

二、金融标准体系建设不断深入

2022 年，金融领域发布金融国家标准 12 项、行业标准 23 项。截至 2022 年末，现行有效金融国家标准 96 项、金融行业标准 336 项、公开现行有效团体标准 158 项、企业标准 7030 项。政府主导制定标准和市场自主制定标准齐头并进，标准供给结构持续优化，金融国家标准建设领跑服务业，行业标准质量和规模大幅跃升，团体标准研制蓬勃发展，企业标准化建设明显提速，经营主体创新活力和竞争力显著增强。

三、金融标准应用实施成效显著

2022 年，坚持多措并举，释放金融标准效能与价值，切实发挥金融标准的经济效益、社会效益、质量效益和生态效益。

一是助力弥合“数字鸿沟”，提升金融服务满意度。生僻字处理指南、不宜流通人民币、面向老年人的证券期货业移动互联网应用程序规范等标准相继实施，助力支撑金融机构经营转型和服务升级，有效保障特殊群体享有金融服务权益，切实提升人民群众金融服务的获得感和满意度。

二是积极引导“学标用标”，提升金融标准关注度。金融标准普及宣传系统全面、成效显著，通过“金融标准　为民利企”主题活动和金融标准线上解读活动等多种形式，有效帮助广大金融从业者和金融消费者更加深入地了解和使用金融标准，形成全社会学标准、知标准、守标准、用标准和共同关注标准化、积极参与标准化的浓厚氛围。

三是不断优化“标准供给”，提升企业标准创新活力。持续组织开展金融领域企业标准“领跑者”活动，有效带动金融机构强化企业标准体系建设，企业标准规模和质量逐年提升，经营主体创新活力和竞争力大幅增强。

四、金融标准制度型开放成果丰硕

2022 年，持续推进标准制度型开放，积极参与国际标准化活动，提升我国金融标准与国际标准一致性程度。

一是全球法人识别编码（LEI）应用治理水平持续提升。人民银行担任全球 LEI 体系监管委员会（ROC）副主席单位，承担临时联合秘书处工作职责，联合全球 LEI 基金会（GLEIF）加强亚洲地区 LEI 推广实施。LEI 在跨境人民币支付、跨境数字身份识别等领域的应用持续拓展；积极参与国际可验证 LEI（vLEI）试点，支持全球 LEI 数字身份战略实施，有力提高我国企业的国际认可度和信任度。《全球法人识别编码应用实施路线图（2020—2022 年）》圆满完成，截至 2022 年末，境内持码机构共计 105493 家。

二是国内国际金融标准体系协同发展。完成 ISO 4217：2015《表示货币的代码》、ISO 20275：2017《金融服务　全球机构法律形式》、ISO 9362：2022《银行业　银行电信

报文　商业标识代码》等 9 项国际金融标准采标。银行营业网点服务国家标准越南语、柬埔寨语、葡萄牙语等外文版正式立项。国际标准转化水平大幅提升，有力支持我国优秀金融标准的海外推广，促进国内外金融标准融合发展。

三是国际金融标准化活动多点开花。在国际标准化组织（ISO）框架下，我国牵头的金融信息交换会话层、银行产品服务（BPoS）内部描述手册的最佳实践 2 项国际标准正式发布，同时牵头或参与条码支付安全、第三方支付服务信息系统等 29 项国际标准研制。支持亚洲金融合作协会制定并发布《个人金融信息保护指南》，持续推动与“一带一路”共建国家标准化交流，为区域金融标准化建设贡献经验。

第二节　金融标准化管理

一、夯实金融标准化工作基础

（一）健全完善组织架构

2022 年，在人民银行和国家标准委的指导下，全国金融标准化技术委员会（以下简称金标委）遵照《中华人民共和国标准化法》《全国专业标准化技术委员会管理办法》《国家标准管理办法》《行业标准管理办法》《全国金融标准化技术委员会章程》等标准化法规制度，落实《国家标准化发展纲要》《金融标准化“十四五”发展规划》，组织开展金融标准化工作，推动分技术委员会在各自领域开展标准化工作，加强对专项工作组的统一规划、组建和管理。

截至 2022 年末，第四届金标委设有主任委员 1 人，常务副主任委员 2 人，副主任委员 6 人，秘书长 1 人，单位委员 55 人，观察员 11 人。同时，推动第五届金标委换届工作。

按照《全国专业标准化技术委员会管理办法》，金标委持续推动证券、保险、印制分技术委员会在各自领域开展金融标准化工作，并加强管理与指导。2022 年 5 月 5 日，金标委保险分技术委员会（以下简称保险分委会）完成第四届保险分委会换届工作。新一届保险分委会继续在原银保监会统一领导下，横向协同业务监管部门参与标准化组织建设，纵向推进集团化、平台化市场机构开展标准化组织管理，积极引导委员单位建立内部标准化专业委员会，提升标准化工作在保险机构的战略地位和决策支持力度。

按照《全国金融标准化技术委员会专项工作组管理办法》，金标委持续加强对专项工作组的管理。截至2022年末，金标委共设有12个专项工作组：银行间市场技术标准工作组（组长单位由跨境银行间支付清算有限责任公司担任）、中国人民银行安全保卫标准工作组（组长单位由人民银行货币金银局担任）、银行业数据中心运维标准工作组（组长单位由人民银行金融信息中心担任）、银行间市场业务标准工作组（组长单位由中国银行间市场交易商协会担任）、农信系统标准工作组（组长单位由农信银资金清算中心担任）、金融国际标准跟踪研究工作组（组长单位由中国金融电子化集团有限公司担任）、互联网金融标准工作组（组长单位由中国互联网金融协会担任）、绿色金融标准工作组（组长单位由人民银行研究局担任）、法定数字货币标准工作组（组长单位由人民银行数字货币研究所担任）、金融IT基础设施标准工作组（组长单位由人民银行科技司担任）、金融数据标准工作组（组长单位由人民银行科技司担任）、金融信创标准工作组（组长单位由人民银行科技司担任）。

金标委秘书处设有2个工作组，分别是金融标准技术审查工作组（北京国家金融标准化研究院有限责任公司负责）、金融标准实施推进工作组（北京国家金融科技认证中心有限公司负责）。金标委秘书处下设安全与基础设施、金融科技与金融数据、信息交换与业务应用3个专家组。专家组成员主要由掌握金融领域国内外标准化发展动态，具有一定标准化理论知识和专业技术能力的专家担任。2022年，金标委秘书处组织金融机构、科技公司、自律组织、科研院所等116名专家，累计召开41期线上金融标准沙龙会议，对87项金融标准分别在预研、立项、在建及审查四个阶段进行评估审议，充分发挥专家智库的作用，有效提升金融标准研制的科学性、严谨性、协调性，不断优化金融标准全生命周期管理。第四届金标委组织架构见图1-1。

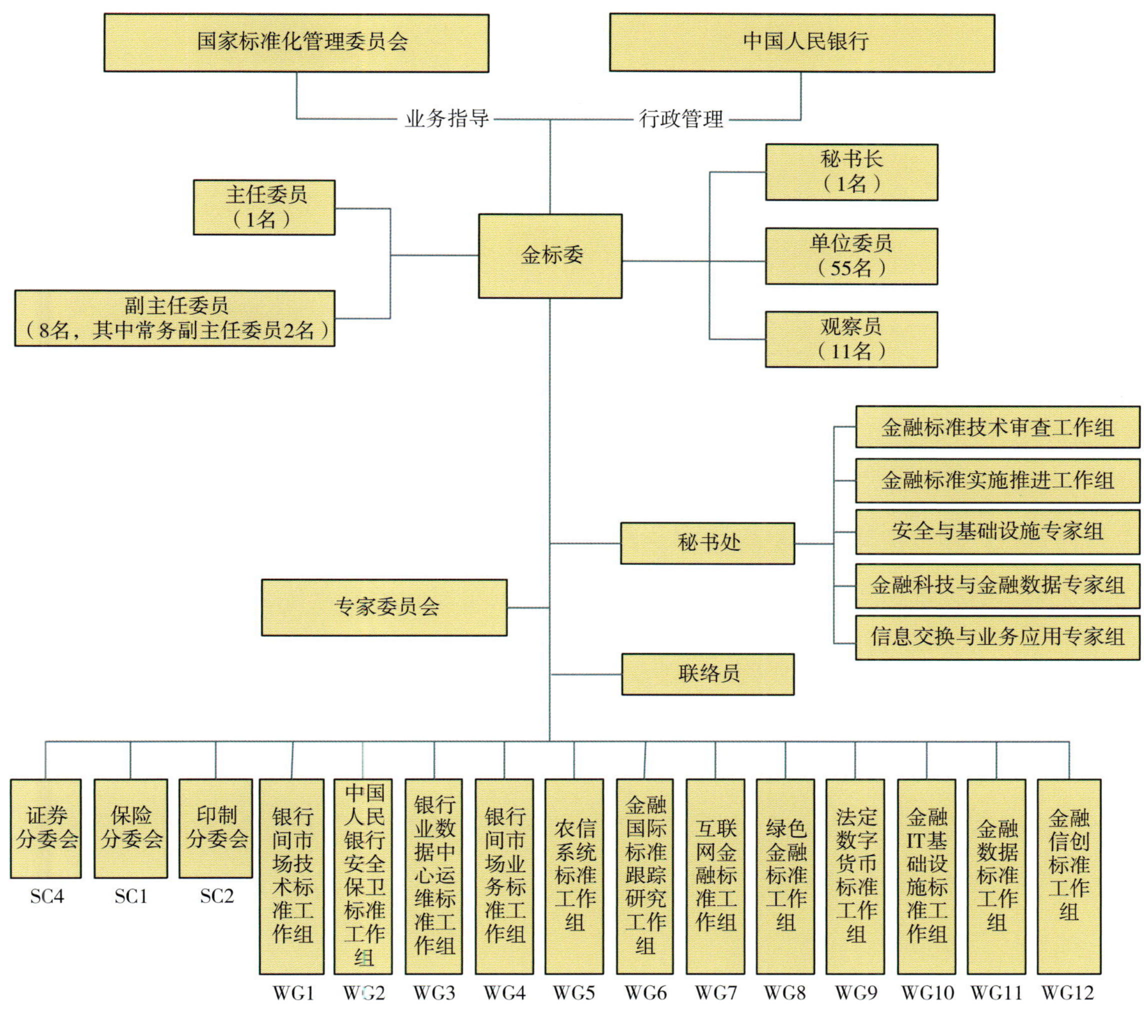

图 1-1　第四届金标委组织架构

（二）持续完善工作机制

2022 年，金标委进一步健全工作机制，加强统筹协调，强化工作合力。

一是推动第五届金标委换届，根据《全国专业标准化技术委员会管理办法》有关要求调整优化委员组成方案，支持推动保险分委会完成换届工作。二是统筹金融行业标准发布，联合相关金融管理部门发布跨领域金融行业标准。三是强化金标委秘书处职能作用，持续推动金融标准化服务平台建设，有效引导金融标准化工作数字化、网络化转型；不断健全金融国家标准和行业标准的全生命周期管理，优化金融标准沙龙工作机制，完善标准预研、立项、在建、审查、发布、复审等各阶段操作手册，规范化开展标准制定工作。四是完善金融标准实施宣传工作机制，积极深入开展金融标准化培训和“金融标

准 为民利企”主题活动，普及金融标准化理念；编制出版《金融标准化研究2021》，收录金标委2021年度重点研究课题优秀成果，为行业标准化建设提供理论支撑和有益参考；组织开展金融标准化创新建设试点，发挥金融标准对金融业高质量发展的支撑引领作用；积极创新金融标准实施评估工作模式，推动金融标准实施评估范围由银行领域扩大至银行、证券、保险和现金机具领域，助力提升金融标准实施成效；推动建立金融标准实施信息反馈闭环管理机制，增强重点金融标准实施评估结果有效性。

金标委证券分技术委员会（以下简称证券分委会）持续优化标准化工作机制。在评估机制建立方面，深入调研和广泛征求行业意见，试点开展《资产管理产品介绍要素 第2部分：证券期货资产管理计划及相关产品》标准实施效果评估活动，组织行业51家证券公司申报，通过形式核查、专家评审把关等环节，最终对9家示范单位、38家合格单位和4家未达标单位形成评估建议。在量化评价机制建立方面，首次开展行业标准化工作量化评价，发布《证券期货业标准化工作量化评价工作方案》，制定标准规划、课题研究、标准研制、宣传推广等标准化工作量化评价指标，对1000余名行业标准化工作人员的参与情况进行登记和量化，评价结果将作为行业评优评先等活动的重要依据。

保险分委会强化标准化工作保障机制，引导保险机构持续优化数据标准管理机制，通过战略性调整组织管理模式、职能定位、构建平台等举措，打造了循序渐进、稳健开展的标准化工作模式。

金标委印制分技术委员会（以下简称印制分委会）强化标准化工作统筹管理，组织编制并发布2022年中国印钞造币技术标准计划，加强标准制修订过程管理，提高标准化工作效率。

（三）加强人才队伍建设

2022年，进一步优化标准化人才资源，持续开展面向金融行业的人才队伍培养建设工作。

一是加强金融标准宣贯。举办12期“走进金融标准 网络直播课堂”线上培训，重点宣讲《金融标准化“十四五”发展规划》《自助银行网点服务要求》《金融服务 生僻字处理指南》《银行营业网点 无障碍环境建设规范》等10项金融标准、LEI应用实施情况等内容，总观看量超过8000人次，引导金融从业人员认真学标准、知标准、用标准，促进金融从业人员标准化服务意识和服务能力。

二是完善金融国际标准人才库。推荐金融领域专家 16 人次加入 ISO 20022 标准修订、vLEI 等 5 个国际标准化组织金融服务技术委员会（ISO/TC 68）国际标准工作组，进一步扩大 ISO/TC 68 国际标准化参与度，加快培养金融标准国际化高层次复合型人才，着力提升全行业金融标准国际化素养。

三是加强标准化人才队伍建设。金标委、证券分委会积极派员参加 2022 年标准化管理人员线上培训班、标准研制编写与标准审评方法综合能力提升线上训练营、国家标准文本报批稿差错情况视频通报会，系统学习标准化管理相关法律法规、政策及知识，提高行业标准化管理人员能力和水平。保险分委会组织委员单位和行业内外机构共同开展标准研制、标准宣贯，促进经营主体积极参与标准化建设活动，营造复合型标准化专业人才成长、汇聚、交流合作的良好氛围，推动保险机构逐步建立健全标准化人才队伍，逐步提升全行业标准化意识水平。印制分委会通过邀请行业内专家现场授课、公司网站专题报道、在线学习视频发布、沙龙讲座、手机终端答题、展板展示等多种方式，积极学习贯彻《国家标准化发展纲要》，宣传解读《金融标准化“十四五”发展规划》，持续加大标准化基础知识的普及宣传力度，强化员工标准化意识。各相关企业完成线上、线下培训十余次，丰富了行业标准化工作人员的专业知识，提高了标准化工作能力。

二、加强标准化顶层设计

（一）发挥规划引领作用

1. 金融标准化顶层设计

2022 年 1 月，人民银行、市场监管总局、原银保监会、证监会联合印发《金融标准化“十四五”发展规划》，明确“十四五”时期统筹推进金融标准化发展的指导思想、基本原则、主要目标、重点任务和保障措施，为“十四五”时期金融标准化工作指明方向。

《金融标准化“十四五”发展规划》提出，到 2025 年，与现代金融体系相适应的标准体系基本建成，金融标准化的经济效益、社会效益、质量效益和生态效益充分显现，标准化支撑金融业高质量发展的地位和作用更加凸显。展望 2035 年，科学适用、结构合理、开放兼容、国际接轨的金融标准体系更加健全，市场驱动、政府引导、企业为主、社会参与、开放融合的金融标准化工作格局全面形成，标准化成为支撑金融业高质量发展的重要力量。

《金融标准化“十四五”发展规划》明确七个方面的重点。一是标准化辅助现代金融管理。完善金融风险防控标准，健全金融业综合统计标准，推进金融消费者保护标准建设，加强标准对金融监管的支持。二是标准化助力健全金融市场体系。完善金融基础设施标准，深入推进证券期货标准建设，加大黄金市场标准供给，拓展升级保险市场标准。三是标准化支撑金融产品和服务创新。加快完善绿色金融标准体系，有效推进普惠金融标准建设，加强产业链供应链金融标准保障。四是标准化引领金融业数字生态建设。稳步推进金融科技标准建设，系统完善金融数据要素标准，健全金融信息基础设施标准，强化金融网络安全标准防护，推进金融业信息化核心技术安全可控标准建设。五是深化金融标准化高水平开放。加快先进金融国际标准转化应用，积极参与金融国际标准化活动。六是推动金融标准化改革创新。优化金融标准供给结构，强化金融标准实施应用，培育金融标准化服务业，推动金融标准检测认证协同发展。七是夯实金融标准化发展基础。优化金融标准化运行机制，提升金融机构标准化能力，推动金融标准化工作数字化转型，加强金融标准化人才队伍建设。

2. 证券期货业标准化顶层设计

2022 年，证券分委会以《证券期货业科技发展“十四五”规划》为指导，组织 14 个专业工作组制定所在领域标准规划，明确提出未来三年证券期货业各领域标准化工作的发展目标和重点任务。截至 2022 年末，通用基础、数据标准、证券业务、期货业务、信息披露、技术管理、信息交换、金融科技、检测认证 9 个领域标准规划已正式发布，数据模型、基金业务 2 个领域标准规划进入发布阶段，各领域标准规划将成为下一阶段开展证券期货业标准化工作的主要依据和行动指南。

其中，《证券期货业通用基础标准规划（2022—2025）》明确了标准体系建设、标准制定、工作指南编制、标准课题研究、标准基础设施建设、国际标准转化六个方面的重点任务。《证券期货业数据标准规划（2022—2025）》明确了数据元标准制定、监管数据报送、数据标准及治理领域研究三个方面的重点任务。《证券期货业证券业务标准规划（2022—2025）》明确了经纪业务、信用业务、证券投资咨询业务、衍生品业务、自营业务、投资银行类业务、跨境业务七个方面的重点任务。《证券期货业期货业务标准规划（2022—2025）》明确了投资者适当性及账户服务、交易（非交易）服务、结算交割管理、风险管理子公司业务四个方面的重点任务。《证券期货业信息披露标准规划（2022—2025）》明确了加快上市公司重要信息披露标准制定、其他证券期货业主体的信息披露标准制定、信息披露互相连通标准建设、支持信息披露标准相关主题研究、建立信息披露标准应用评价机制、规范信息披露标准制修订管理、推进已发布信息披露标准实施、夯实信息披露标准化工作基础、构建标准应用工具九个方面的重点任务。《证券期货业技术管理标准规划（2022—2025）》明确了 IT 治理规范和基础设施、技术平台、应用系统、用户接入、运维服务、数字化转型评估六个方面的重点任务。《证券期货业信息交换标准规划（2022—2025）》明确了交易管理、结算管理、行情和资讯管理、信息披露管理、监管报送、其他六个方面的重点任务。《证券期货业金融科技标准规划（2022—2025）》明确了云计算、大数据、人工智能、区块链四个方面的重点任务。《证券期货业检测认证标准规划（2022—2025）》明确了检测认证标准的体系建设、金融科技产品类的检测认证标准、信息技术服务类的检测认证标准、证券基金期货行业服务类的检测认证标准四个方面的重点任务。

3. 保险标准化顶层设计

2022 年 5 月，保险分委会编制并发布《中国保险业标准化“十四五”规划》，明确提出“十四五”时期统筹推进保险业标准化发展的指导思想、基本原则、发展目标和重点任务等，为有序开展保险领域各项标准化工作提供战略指导。

《中国保险业标准化“十四五”规划》明确，到 2025 年，保险标准化工作机制进一步完善，保险标准化组织的多样性和专业性显著提升，保险标准体系结构优化健全。保险标准质量水平明显提高，标准化普及推广效果良好，标准实施成效显著。保险从业人员标准化意识和素养显著提升。保险领域参与国际标准化活动能力增强，支撑保险业发展的标准化基础更加坚实。

《中国保险业标准化“十四五”规划》明确四个方面的重点。一是标准化助力保险业服务实体经济。推动农业保险标准建设，促进科技保险和知识产权保险标准供给，加快完善绿色保险相关标准建设，加快保险资产管理标准化建设。二是标准化支持保险业服务社会民生。加强养老和健康保险领域标准建设，推动责任保险和保证保险领域标准建设，加强巨灾保险标准建设。三是标准化提升保险业风险管控能力。加强对保险业风险的监管支持能力建设，推动保险业风险管理标准化建设，加强保险反欺诈标准建设，加强保险消费者权益保护标准建设。四是标准化促进保险业数字化转型。加大保险科技技术标准供给，推动保险中介行业标准化工作，加强保险业基础通用标准建设。

（二）不断优化制度体系

2022 年，金标委进一步完善金融标准化制度建设。一是修订并形成《全国金融标准化技术委员会章程》等 23 项金标委制度征求意见稿，为新一届金标委换届工作奠定制度基础。二是完成金融行业标准代号和范围更新，进一步提高金融标准体系分类的科学性，更好适应新时期金融业发展需要。三是强化标准全生命周期管理。按照金融国家标准、行业标准必须由金融管理部门、持牌金融机构牵头制定的有关要求，全面规范标准从预研立项到报批发布各环节，保障政府制定标准的权威性。

证券分委会遵循《全国金融标准化技术委员会证券分技术委员会章程》《全国金融标准化技术委员会证券分技术委员会标准化工作管理办法》《全国金融标准化技术委员会证券分技术委员会专业工作组管理办法》等规章制度，组织开展证券期货业标准化工作，推动专业工作组落实各项标准化工作，夯实证券期货业通用标准体系，助力证券期货业高质量发展。

保险分委会持续完善保险标准制度体系。一是完成《全国金融标准化技术委员会保险分技术委员会专项工作组管理办法》，进一步细化保险分委会组织架构，在分委会下拟设立多个工作组，包括通用基础组、产品与服务组、信息科技组、资产管理产品组和标准创新管理组五大组别，工作职责和内容涵盖《中国保险业标准化“十四五”规划》各项工作任务，从组织层面确保标准化工作切实有效推进。二是持续推进《保险标准化工作指南》修订工作，进一步明确标准化工作范围和组织管理要求，优化保险标准制修订全周期流程，细化保险标准实施的原则、方式和保障措施，为起草组开展标准制修订提供制度指引和实操参考。三是引导保险机构完善自身数据标准制度体系，通过制定标准化管理办法，保险机构进一步明确各单位标准化工作的框架、要求以及工作流程，为标准化工作运作提供科学有效指导。

印制分委会承担单位中国印钞造币集团有限公司组织编制并发布《中国印钞造币集团有限公司技术标准管理办法》，规范技术标准管理流程，提高技术标准管理工作效率，填补相关领域技术标准管理制度空白。

三、加大金融标准研究力度

为持续提高行业标准化研究水平，强化《金融标准化“十四五”发展规划》实施的理论支撑，2022 年重点组织开展了以下研究工作。

（一）完成“金融风险防控关键技术标准研究”项目

2022 年，在金标委指导下，中国金融电子化集团有限公司、中国外汇交易中心等 15 家单位继续开展科技部国家重点研发计划“国家质量基础的共性技术研究与应用”重点专项下设的“金融风险防控关键技术标准研究”项目。围绕互联网文本数据金融风险信息抽取及分析关键技术、金融机构和金融产品风险评价及管理技术、金融支付业务基础设施风险防控技术、新形态下的金融信息风险防控技术、互联网金融风险防控技术、金融产品服务过程支撑应用系统技术六个课题开展重点领域金融风险防控标准建设，并于 2022 年 9 月 16 日通过课题绩效评价专家验收。

截至 2022 年末，项目涉及的 34 项标准已发布 17 项，包括《基于文本数据的金融风险防控要求》等 8 项金融国家标准和《个人金融信息保护技术规范》等 9 项金融行业标准，另有 17 项标准已完成报批稿。

（二）开展重点领域标准化研究

法定数字货币方面，人民银行数字货币研究所积极开展 5G、物联网、车联网、智能合约、蓝牙支付、安全硬件等前沿技术在数字人民币应用中的相关标准研究工作，形成多项相关技术专利，推进实现数字人民币无电支付、无网支付、万物互联、助老助残等创新应用，助力弥合“数字鸿沟”，增强人民群众对金融服务的获得感和安全感。

金融科技方面，人民银行数字货币研究所持续推进新技术金融应用标准研究工作，规范区块链、数字身份等技术在金融领域的创新和应用，促进数字金融高质量发展。中国工商银行开展人工智能相关国际标准研究工作，提出《金融服务　人工智能　可信框架》国际标准提案，为我国在人工智能国际标准的发展贡献力量。中国银联积极开展技术、标准、专利联动创新试点，将数字银行卡、物联网技术金融应用、数字生态银行、隐私计算互联互通、基于无服务器的应用引擎、金融技术标准的专利许可机制研究 6 个项目纳入试点工作并积极推动实施，及时总结试点经验，形成《中国银联技术、标准、专利联动创新工作指南》，提出的 11 项标准相关专利申请均处于实施审查阶段，其中

“数字化支付处理方法、装置、设备、系统及介质”为潜在的标准必要专利。

金融信息技术应用创新方面，金标委工作组围绕标准体系建设发展规划，积极部署标准化研究，不断加强基础软件、基础硬件、业务系统改造和迁移、金融外设终端等方向标准研制修缮，截至2022年末，形成《金融机具接入架构及驱动接口要求》等2项待发布标准、《金融级服务器应用技术要求　第1部分：通用服务器》等9项拟立项标准，《金融业移动智能终端操作系统通用技术要求》等10项标准正在规划预研阶段。中国工商银行开展《金融分布式系统运行支撑建设规范》等金融标准建设的可行性研究，完成相关立项材料编写、同行评审等工作，并积极向金标委申请立项，助力我国信创转型工作。

绿色金融方面，中国银行开展关于加入绿色金融国际组织和国际准则的可行性研究，已加入负责任银行原则（PRB）、气候相关财务信息披露工作组（TCFD）、“一带一路”绿色投资原则（GIP）等组织或机制，积极参加可持续金融国际平台（IPSF）下的工作组、国际标准化组织可持续金融技术委员会（ISO/TC 322）等工作组或委员会，为绿色金融国际标准制定提升贡献度。

LEI应用实施方面，人民银行积极联合GLEIF推动亚洲地区LEI实施，促进内地与香港在跨境场景下开展LEI应用合作，进一步挖掘LEI在跨境贸易、利率互换、跨境数字身份识别等领域的应用价值，提升亚洲地区LEI认可度；人民币跨境支付系统支持使用LEI识别跨境支付交易方，提高跨境支付效率和透明度，为金融稳定理事会（FSB）建立全球跨境支付通用识别码提供了可参考的实践案例；中金金融认证中心成为全球首家LEI验证代理数字证书机构，通过将LEI嵌入数字证书，提高电子合同、跨境物流等场景中数字身份验证准确性及安全性；人民银行数字货币研究所“贸易金融区块链平台”支持使用LEI识别参与者，服务跨境贸易融资便利化。

证券期货业方面，证券分委会以《证券期货业标准研究课题管理办法》为制度基础，编制《2022年证券期货业标准研究课题选题指南》，首次组织标准研究课题申报，行业机构积极响应，收到申报课题193项，经专家评审正式立项83项。目前，各课题承担单位按计划有序开展研究，积极推动课题研究成果转化。

保险行业方面，保险分委会组织委员单位在区块链技术应用、数据治理、风险控制、运营承保规则、客户服务等方面开展多项标准化研究工作，积极探索保险科技应用与创新管理发展路径，发挥保险标准化对行业高质效发展的护航作用。

第三节　金融标准体系建设

2022 年，金融领域以《金融标准化“十四五”发展规划》为指引，加快构建服务金融业高质量发展的标准体系，优化金融标准全生命周期管理，规范标准建设流程，开展标准复审，增强标准的及时性、针对性、有效性。

积极推动金融标准供给由政府主导进一步向政府与市场并重转变。金标委秘书处组织修订金融标准体系框架，将金融标准分为金融行业基础标准、金融产品与服务标准、金融信息技术与设施标准、金融管理标准、其他标准 5 大类 31 子类。证券分委会坚持政府主导标准与市场自主制定标准协同发展，加快重点标准研制，强化标准进度管理，制定并发布团体标准管理办法。保险分委会完善保险业标准分类体系，提升标准体系的完备性和先进性，加大保险业标准供给，标准建设领域覆盖养老健康保险、机动车辆保险、巨灾保险等涉及民生的重点保险保障领域。印制分委会紧密围绕生产过程中的产品、工艺、质量、设备、检验和试验方法以及涉及的安全、环保等要素，积极开展金融标准制修订工作，为人民币产品质量提供坚实的标准基础。

一、金融国家标准建设

2022 年，金融领域下达国家标准制修订计划 9 项（含外文版 4 项），推进国家标准建设 27 项，发布国家标准 12 项，复审国家标准 36 项。截至 2022 年末，现行有效金融国家标准 96 项（含外文版 6 项），在建金融国家标准 42 项。标准清单详见附录 B。

（一）标准立项方面

共受理 11 项国家标准的立项申报，下达标准制修订计划 9 项，包括《证券交易数据交换协议》《期货市场客户开户数据接口》等 5 项国家标准，《银行营业网点服务评价准则》（葡萄牙语）等 4 项国家标准外文版。预研标准包括《债券发行人环境、社会和治理评价体系》国家标准。

（二）标准在建方面

报批标准 12 项，包括《表示货币的代码》《金融服务　全球法人识别编码　第 1 部分：编码说明》等；审查标准 13 项，包括《金融信息化术语》《金融行业开源软件测评规范》等；征求意见标准 2 项，包括《金融服务　全球唯一交易识别码》《互联网金融　个人网络消费信贷　贷后催收风控指引》。

（三）标准发布方面

发布国家标准 12 项，**围绕金融产品与服务**，发布《自助银行网点服务要求》（GB/T 41461—2022），助力提升银行自助网点服务质量，保障客户生命财产及个人隐私安全，更好保护消费者权益；发布《表示货币的代码》（GB/T 12406—2022），满足国内金融机构准确获取货币代码和开展相关业务的需求，加快建立与国际接轨的货币标准体系；发布《银行业　银行电信报文　商业标识代码》（GB/T 16711—2022），助力提升金融机构准确获取商业识别代码能力，适应更加复杂多样的金融交易需要；发布《金融服务　全球机构法律形式》（GB/T 42182—2022），有效提升机构法律形式标准化水平，满足监管机构和市场参与者在国家及全球市场中识别机构法律形式的需求；发布《金融服务　安全加密设备（零售）　第 1 部分：概念、要求和评估方法》（GB/T 21079. 1—2022）和《金融服务　安全加密设备（零售）　第 2 部分：金融交易中设备安全符合性检测清单》（GB/T 21079. 2—2022），明确金融零售业务中安全加密设备相关要求，提升金融行业安全加密设备管理水平。**围绕金融风险防控**，发布《非银行支付机构支付业务设施技术要求》（GB/T 41460—2022）和《非银行支付机构支付业务设施检测规范》（GB/T 41463—2022），对非银行支付机构支付业务设施和系统安全性提出更高要求，助力保障客户资金和信息安全；发布《基于文本数据的金融风险防控要求》（GB/T 41462—2022），引导市场参与者和监管者增强风险识别能力，有效提高风险防控水平；修订《信息处理　磁墨字符识别　第 1 部分：E13B 的印制规范》（GB/T 12184. 1—2022）和《信息处理　磁墨字符识别　第 2 部分：CMC7 的印制规范》（GB/T 12184. 2—2022），提升票据印制安全性，防范恶意伪造银行支票和汇票。**围绕信息化建设**，发布《用于金融服务的公钥基础设施　实施和策略框架》（GB/T 27913—2022），有力支持金融服务公钥基础设施规范建设，不断提升金融信息安全水平。

（四）标准复审方面

完成 2019 年 12 月 31 日前发布并现行有效的 36 项金融国家标准的复审，经征求有关金融管理部门意见和金标委委员投票，形成复审结论如下：继续有效 29 项，修订 7 项，无废止项目。同时，在国家标准委的指导下，完成《银行业务　密钥管理（零售）　第 4 部分：使用公开密钥密码的密钥管理技术》（GB/T 21082.4—2007）推荐性国家标准复审工作。

二、金融行业标准建设

2022 年，金融领域下达行业标准制修订计划 21 项，推进行业标准建设 68 项，发布行业标准 23 项，复审行业标准 255 项。截至 2022 年末，现行有效金融行业标准 336 项，在建金融行业标准 176 项。标准清单详见附录 B。

（一）标准立项方面

共受理 34 项行业标准的立项申报，下达标准制修订计划 21 项，包括《移动终端金融安全身份认证规范》《人工智能算法金融应用信息披露指南》等。预研标准包括《金融行业人才培养　数字化学习课程设计与实施指南》《金融行业人才培养　数字化学习项目设计与运营指南》行业标准。

（二）标准在建方面

报批标准 28 项，包括《不宜流通人民币　纸币》《金融行业信息系统商用密码应用　基本要求》等；审查标准 25 项，包括《银行电子凭证技术规范》《人工智能算法金融应用信息披露指南》等；征求意见标准 15 项，包括《金融数据应用建模指南》《金融通用元数据规范》等。

（三）标准发布方面

发布行业标准 23 项，**围绕绿色金融**，发布《碳金融产品》（JR/T 0244—2022），规定碳金融产品的术语定义，提出碳金融产品实施流程框架性要求，完善碳金融产品结构；**围绕金融产品与服务**，发布《金融服务　生僻字处理指南》（JR/T 0253—2022）、《面向老年人的证券期货业移动互联网应用程序设计规范》（JR/T 0246—2022）等 13 项标准，引领金融机构进一步完善金融产品与服务质量，提升人民群众的获得感和满意度；**围绕金融安全**，发布《金融行业信息系统商用密码应用　基本要求》（JR/T 0255—2022）、《金融网络安全　信息科技外包评价指标数据元》（JR/T 0254—2022）等 6 项标准，助力提升金融行业网络安全防护水平；**围绕金融数字化转型**，发布《金融领域科技伦理指引》

（JR/T 0258—2022）、《机器学习金融应用技术指南》（JR/T 0263—2022）、《证券期货业数据模型 第4部分：基金公司逻辑模型》（JR/T 176.4—2022）3项标准，有效指导金融领域从业机构开展科技伦理治理工作，提高金融行业机器学习应用规范性，提升数据交换效率和数据治理水平。

（四）标准复审方面

完成255项行业标准复审，包括2019年12月31日前发布并现行有效的金融行业标准162项、2021年发布的《金融从业规范 风险管理》《金融从业规范 外汇交易》《金融从业规范 财富管理》3项、在研行业标准90项。经征求有关金融管理部门意见和金标委委员投票，现行有效的金融行业标准方面，继续有效96项，修订61项，废止8项。在研金融行业标准方面，继续执行54项，终止编制36项，无整合项目。

三、金融团体标准建设

2022年，中国互联网金融协会、中国银行业协会、北京金融科技产业联盟、河北省金融学会、广东省金融科技学会、宁波市金融学会等在全国团体标准信息平台公开金融团体标准86项。截至2022年末，全国团体标准信息平台公开现行有效金融团体标准158项。

全国性金融社会团体总结先进工作经验，积极制定团标并主动公开。如中国互联网金融协会公开了《商业银行互联网开放平台架构规范》（T/NIFA 11—2022）、《网上银行服务 基本要求》（T/NIFA 12—2022）等4项金融团体标准。中国银行业协会公开了《银行函证服务平台 基本数据元》（T/CBA 212—2022）、《“领跑者”标准评价要求 金融信息服务 银行产品服务（BPoS）信息》（T/CBA 219—2022）2项金融团体标准。中国保险行业协会公开了《法医鉴定机构保险服务满意度评价指标》（T/IAC 0003—2016）金融团体标准。

各地方性金融社会团体也积极开展金融团体标准制定工作。如北京金融科技产业联盟制定并公开《银行营业网点生僻字客户服务指南》（T/BFIA 017—2022）等9项金融团体标准；河北省金融学会制定并公开《雄安新区区块链支付平台 第1部分：参考模型及流程规范》（T/HBPFS 001.1—2022）等8项金融团体标准；宁波市金融学会制定并公开《农村互助保险服务规范》（T/NBFS 8—2022）等12项金融团体标准；中关村金融科技产业发展联盟制定并公开《金融 AI 算法工程师职业能力标准》(T/ZFIDA 0001—2020)等 3 项金融团体标准。

四、金融企业标准建设

在金融领域企业标准“领跑者”活动的带动下，金融机构积极开展企业标准建设和自我声明公开，企业标准化工作明显提速。截至 2022 年末，全国企业标准信息公共服务平台公开的金融领域企业标准数量 7030 项。

(一) 金融领域企业标准制定及公开情况

截至 2022 年末，银行业金融机构、支付机构、金融科技企业共计公开金融服务领域企业标准 6237 项；保险机构共计公开金融服务领域企业标准 102 项；证券期货公司共计公开金融服务领域企业标准 94 项；各类金融相关企业公开金融机具领域企业标准 597 项。

银行业方面，国有大型商业银行、股份制商业银行、城市商业银行、民营银行、农村商业银行、农村信用社、村镇银行等积极制定并公开金融服务领域企业标准。其中，中国工商银行公开《智慧金融服务规范》(Q/ICBC 3401—2022) 等 7 项企业标准，中国农业银行公开《银行产品服务信息描述规范》(Q/ABC 66—2022) 等 6 项企业标准，中国银行公开《中国银行金融分布式账本技术应用规范》(Q/BOC 8003—2022) 等 6 项企业标准，中国建设银行公开《金融分布式账本技术　交易溯源应用指南》(Q/CCB 1005—2022) 等 17 项企业标准，交通银行公开《交通银行应用程序接口规范》(Q/BOCOM 00004—2022)等 6 项企业标准，中国邮政储蓄银行公开《网上银行服务规范》(Q/PSBC 0061—2022)等 14 项企业标准，中信银行公开《移动金融客户端应用标准》(Q/ZXYH 002—2022)等 3 项企业标准，中国光大银行公开《中国光大银行分布式账本应用规范》(Q/CEB TS003—2022) 等 5 项企业标准，招商银行公开《招商银行隐私计算总体技术规范》(Q/CMB 006—2022) 等 7 项企业标准，中国民生银行公开《中国民生银行智慧金融服务标准》(Q/CMBC 008—2022) 等 8 项企业标准，重庆银行公开《产品服务 (BPoS) 信息描述规范　普惠数字信贷类产品》(Q/BCQ 015—2022) 等 10 项企业标准，浙江网商银行公开《网上银行服务规范》(Q/AF6002—2022)，北京农村商业银行公开《北京农商银行营业网点服务规范》(Q/BRCB 001—2022) 等 3 项企业标准，江苏省农村信用社联合社公开《智慧金融场景应用服务标准》（Q/JSNX 004—2022）等4项企业标准。

证券期货业方面，证券公司、期货公司、公募基金管理机构积极制定并公开金融服务领域企业标准。其中，安信证券股份有限公司公开《区块链隐私计算平台安全规范》（Q/AXZQ-IT-GL 213—2022）等3项企业标准，广发证券股份有限公司公开《广发证券网上交易系统移动端安全技术标准》（Q/440100GFZQ0003—2022），中国银河证券股份有限公司公开《移动金融客户端应用规范》（Q/CGS J8080. 001—2022），中信证券股份有限公司公开《移动金融客户端应用软件技术规范》（Q/440304ZXZQ001—2022），中信建投证券股份有限公司公开《区块链数据存证应用技术要求》（Q/ZXJTBC 001—2022）等7项企业标准，海通证券股份有限公司公开《证券行业数据共享隐私保护技术应用标准》（Q/310101HTZQ 003—2022）等3项企业标准，中泰期货股份有限公司公开《中泰期货—场外期权业务数据结构规范》（Q/370103 ZTQH 01—2022），创元期货股份有限公司公开《创元期货移动互联网应用程序安全规范》（Q/320506CYQH7—2022）等3项企业标准。

保险业方面，保险机构积极制定并公开金融服务领域企业标准。其中，中国人民财产保险股份有限公司公开《基于OFD版式电文的电子保单标准》（Q/PICC P&C 010. 7—2022）等7项企业标准，中国平安财产保险股份有限公司公开《车险电子保单签章规范》（Q/440304004000PACX001—2022），中国人寿保险股份有限公司公开《电子保单服务标准》（Q/XCGS0001—2022），新华人寿保险股份有限公司公开《电子投保业务规范》（Q/110105xhrs0004—2022）等4项企业标准，国民养老保险股份有限公司公开《国民养老保险电子保单服务规范》（Q/110102GMYL001—2022），和谐健康保险股份有限公司公开《和谐健康电子保单服务标准》（Q/510101H001—2022）等2项企业标准。

金融机具领域方面，广州广电运通金融电子股份有限公司、苏州少士新创电子科技有限公司、山东新北洋信息技术股份有限公司等金融相关企业依据创新技术成果，加快技术标准制修订，在全国企业标准信息公共服务平台公开支付机具、清分机等领域企业标准共计597项。

（二）部分金融机构企业标准体系建设情况

人民银行清算总中心持续完善技术标准体系，在开发建设、验收测试和系统运维等领域完成36项技术标准制修订，进一步夯实支付清算系统安全稳定运行基础，提升支付清算系统服务效能，优化支付清算服务供给。截至2022年末，人民银行清算总中心实施在用技术标准 122 项，包括通用性和数据管理类标准 10 项，信息化建设、开发、测试、运行维护各阶段标准 112 项。

人民银行数字货币研究所着力完善企业标准相关组织管理和工作机制，印发《中国人民银行数字货币研究所企业标准管理办法》，公开《贸易金融区块链平台应用服务技术指引》（Q/PBCDCI 0001—2022）和《贸易金融区块链平台互联接口规范》（Q/PBCDCI 0002—2022）2 项企业标准。

中央结算公司持续完善企业标准体系建设，建立涵盖基础通用、产品服务、信息技术、运营管理 4 大类的标准体系，采用国家或行业标准 35 项，引用其他规范性文件 7 项。重点围绕公司的产品服务，制定企业产品服务标准。加强公司债券统计、金融估值、绿色债券、数据规范和信息安全等业务、技术领域标准化建设，开展企业标准英文版的编制，支持金融标准化对外交流。

中国银联结合公司业务及产品规划，持续梳理优化技术标准体系，截至 2022 年末，中国银联的技术标准体系包括基础标准、安全标准、平台标准、支付设备标准、终端标准 5 大类 56 部 174 项标准，全年共计发布涵盖银行卡交换、无卡快捷、二维码、支付应用软件安全、金融数字化服务终端操作系统、支付标记等主要方面的 11 项企业标准。

中国工商银行坚持以年度为周期持续完善企业标准体系，截至 2022 年末，已经建立涵盖基础通用、信息科技、产品服务和经营管理 4 个板块、18 个小类共计 200 余项标准的完备企业标准体系，打造标准化工作不断向纵深推进的坚实基础和重要抓手。

中国农业银行制定《API 渗透测试通用技术检查规范》（Q/ABC 61—2022）、《银行产品信息服务描述规范》（Q/ABC 66—2022）等 9 项企业标准，修订《机房监控管理系统建设技术规范》（Q/ABC 48—2022）等 6 项企业标准，发布《服务域网络接入技术指南》（QG/ABC 5—2022）等 4 项技术规范。

中国银行持续完善技术标准体系，充分发挥技术标准指导 IT 实施的作用，做好技术标准信息共享和落地指导，助力提升中国银行科技实施能力。2022 年，制定《数据生命周期安全技术规范》等 14 项全行级技术标准及《分布式应用单元化架构设计实施指南》等 62 项细分领域技术标准，修订《中国银行营业网点服务基本要求》《中国银行网上银行服务标准》2 项业务标准，制修订《绿色债券分类与代码》《行业分类与代码》等 17 项数据标准。

中国邮政储蓄银行依据《银行业标准化工作指南》（JR/T 0116—2014）以及最新国家（行业）标准发布情况，修订《中国邮政储蓄银行信息技术标准体系》（Q/PSBC 0042—2022），为企业规范管理和落地执行提供强有力支持。2022 年，组织制定《中国邮政储蓄银行前端 Vue 开发规范》等 10 项企业标准，修订《中国邮政储蓄银行信息技术标准体系》等 41 项企业标准。

中信银行以《企业标准体系表编制指南》（GB/T 13017—2008）为基础，结合行内信息科技制度体系的管理要求，完成信息技术标准与规范体系优化，设立企业架构管理、研发管理、信息安全与风险、运维管理、数据管理等 12 大类 58 小类 499 项科技制度，其中包含 237 项管理制度、262 项技术标准规范。

中国光大银行不断建立和完善符合自身实际的企业标准体系，建设技术标准体系，并以研发、数据、运维、信息安全、质量管理 5 个领域为基准构建标准分类体系。2022 年组织开展技术标准重检，制定 15 项技术标准，修订 48 项技术标准。

中国人民保险集团不断完善数据标准体系建设，持续促进技术体系统一，积极推动《中国人民保险集团应用研发技术架构规范（2022 版）》落地执行，促进技术架构统一和子公司保单、理赔、客户等数据互联互通。研究制定数据治理评估规则，完善细化数据治理工作机制和评价标准，推进数据集中统一管理，为实现集团各公司间“书同文、车同轨”的数据交互共享夯实基础。

蚂蚁集团建立覆盖国际标准、国家标准、行业标准、团体标准和企业标准的标准体系架构。2022 年，蚂蚁集团持续优化企业标准管理机制，升级更新企业标准管理平台，蚂蚁集团三家子公司不断完善和更新企业标准，发布《应用程序接口服务规范》（Q/AF 6008—2022）标准，修订《金融分布式账本技术应用规范》（Q/200001 AF 1002—2022）等 4 项企业标准。

第四节　金融标准化实践

一、2022 年“金融标准　为民利企”主题活动

为做好金融标准知识宣传普及，促进金融标准化高水平发展，人民银行在 2022 年 9

月全国“质量月”期间组织开展“金融标准　为民利企”主题活动。

（一）活动总体情况

活动期间，人民银行分支机构、金融机构、金标委委员单位共组织开展金融标准化宣传活动约 20 万场，参与群众 5500 万人次；推动 800 余家全国性银行及分支机构、地方性银行、非银行支付机构制定本单位标准化发展规划；指导完成近 80 项团体标准、2500 余项企业标准自我声明公开；与俄罗斯、哈萨克斯坦、蒙古国开展金融标准化交流；通过网站、微博、微信公众号等渠道发布宣传稿件 1.6 万余篇，累计阅读量约 5900 万人次，活动期间被人民网、新华网、凤凰网、新华财经、《北京日报》、河北电视台等 160 余家中央和地方媒体报道 1000 余次（见图 1-2）。

图 1-2　“金融标准　为民利企”主题活动海报

（二）活动亮点总结

1. 开展政策宣传解读，加强规划引领

以《金融标准化“十四五”发展规划》为指引，人民银行原济南分行、海口中心支行、西宁中心支行等 27 家人民银行分支机构制定辖区金融标准化发展规划，中国农业银

行、中信银行、北京银行、北京度小满支付科技有限公司等银行和非银行支付机构制定本单位标准化专项规划。人民银行分支机构、金融机构、金标委委员单位积极开展《国家标准化发展纲要》《金融标准化“十四五”发展规划》解读，通过网络课堂、专题培训、线下宣讲等多种渠道组织活动2.4万余场，参与人员达590万人次（见图1-3至图1-6）。

图1-3　人民银行原林芝市中心支行开展金融标准化培训

图1-4　中国建设银行上海市分行（左）和西藏自治区分行（右）开展网点宣传

图 1-5　广发银行北京分行在北京十里河建材市场宣传金融标准化知识

图 1-6　湖南安化农村商业银行开展“金融标准　为民利企”主题宣传活动

2. 开展强制性国家标准宣传，提升现金机具鉴别能力

人民银行原武汉分行、成都分行、南昌中心支行面向现金机具使用企业宣传《人民币现金机具鉴别能力技术规范》强制性国家标准，并对现有清分机具开展自查，确保机具参数符合标准要求。中国农业银行、中国民生银行组织全行及相关企业依据国家标准做好现金机具更新、维保、升级工作。中国印钞造币集团有限公司组织开展国家标准摸

底测试，制定作业指导书，为标准落地做好准备（见图 1-7 至图 1-13）。

图 1-7　《人民币现金机具鉴别能力技术规范》强制性国家标准宣传海报

图 1-8　人民银行原杭州中心支行走访现金机具厂商

图 1-9　中国工商银行福州分行宣传《人民币现金机具鉴别能力技术规范》强制性国家标准

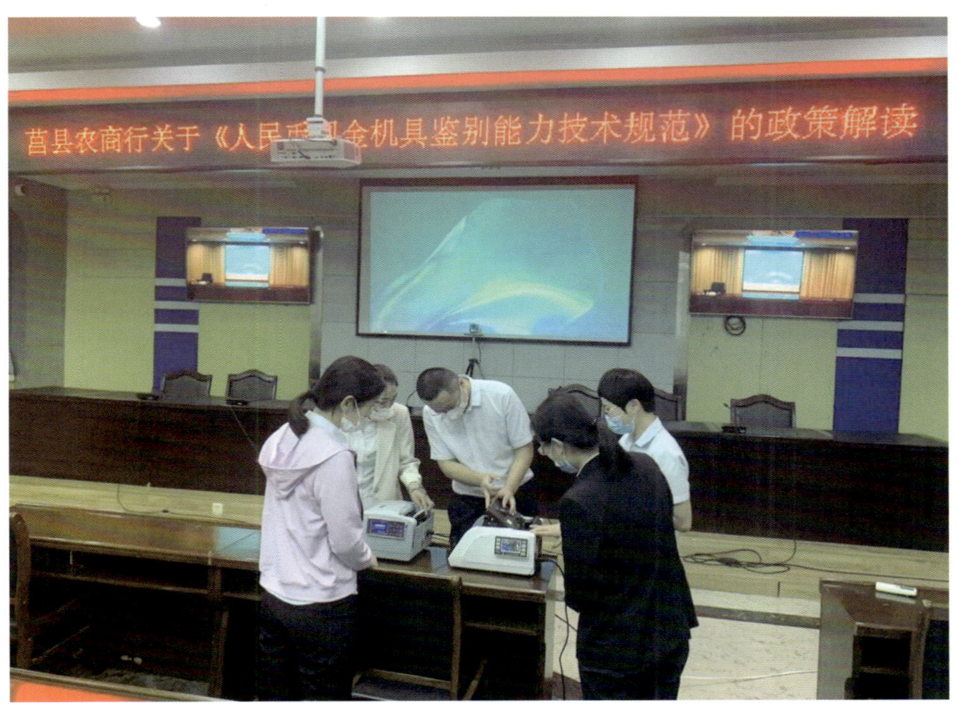

图 1-10　山东莒县农村商业银行宣传《人民币现金机具鉴别能力技术规范》强制性国家标准

图 1-11　中国农业银行四川省分行走进校园宣传不宜流通人民币标准

图 1-12　大连银行成都分行向客户宣传不宜流通人民币标准

图 1-13　宁夏同心津汇村镇银行面向客户宣传不宜流通人民币标准及人民币防伪知识

3. 强化普惠标准实施，便捷金融为民服务

各地积极推动开展金融业生僻字问题治理，人民银行原营业管理部牵头制定《银行营业网点生僻字客户服务指南》团体标准；人民银行原杭州中心支行指导制作《李龘龘开卡记》、中信证券制作《沂文韬聊聊生僻字引发的思考》等短视频，用新颖活泼的方式宣传《金融服务　生僻字服务指南》行业标准；人民银行原沈阳分行、太原中心支行组织召开技术交流会议，推动生僻字治理技术方案共享；人民银行原济南分行、武汉分行指导辖内银行开展生僻字服务相关应用系统改造；中国银联发布应用系统字符集编码企业标准，保障生僻字无损存储和传输。加快推进金融服务适老化，人民银行原南京分行、广州分行指导辖内金融团体制定商业银行适老化工作指南、老年人智能服务应用指标等团体标准，强化重点地区和薄弱环节的金融标准支撑；人民银行原成都分行、银川中心支行、乌鲁木齐中心支行加强辖内银行营业网点适老化、无障碍环境建设，探索开展适老服务认证；人民银行原太原中心支行、呼和浩特中心支行、长春中心支行指导辖内银行评选普惠金融优秀示范点、金融服务适老化示范点，树立金融为民服务标杆（见图 1-14 和图 1-15）。

图 1-14 《金融服务 生僻字处理指南》和《银行营业网点 无障碍环境建设规范》宣传海报

图 1-15 重庆农村商业银行在养老服务中心宣传《银行营业网点 无障碍环境建设规范》标准

4. 加强金融团体标准和企业标准建设，激发经营主体创新活力

人民银行原西宁中心支行指导编制农牧区普惠金融支付服务、流动金融服务车、信

用报告自助查询点等具有青海省本地化和民族特色的团体标准。人民银行原海口中心支行指导辖内金融团体发布《海南自贸港金融机构社会责任评价准则》《海南自贸港金融贡献评价准则》《金融参事职业能力评价规范》等团体标准，助力海南自贸港金融发展。北京农村商业银行、海南银行启动企业标准化良好行为评价工作，积极开展企业标准创新实践。昆仑银行在取得企业标准化良好行为“AAA”级认证基础上，成功入选 2022 年度国家级服务业标准化试点项目。

5. 推动绿色金融标准实施，服务绿色金融健康发展

人民银行原南宁中心支行依据《环境权益融资工具》行业标准，指导辖内金融机构提高环境信息披露质量，支持碳排放权质押贷款落地。人民银行原杭州中心支行积极推进个人碳账户标准建设，组织修订《银行个人碳账户管理规范》团体标准。人民银行原长沙中心支行、南宁中心支行指导辖内银行制定绿色旅游贷款、仓储抵押物及贷后管理、风险管理等领域企业标准，支持金融服务地方旅游业、黑茶、药材等绿色产业发展。中央结算公司发布《中债绿色债券环境效益信息披露指标体系》企业标准，提高绿色债券信息披露透明度。在浙江省金融学会指导下，蚂蚁集团联合多家机构编制《小微企业绿色评价》团体标准，规范小微企业的绿色评价原则、评价指标和评价程序。

6. 增强数据能力建设，赋能金融数字化转型

人民银行原杭州中心支行组织召开金融数字化转型研讨会，共享金融机构数字化转型安全实践成果，探索标准服务金融普惠和数字化转型的路径。中国工商银行研制数据治理、数据分级分类、云计算安全技术等方面企业标准，夯实数据安全管理制度基础。宁波银行依托《网上银行系统信息安全通用规范》《银行业集中营运规范》等行业标准自主开发极速贴现产品，实现贴现资金秒级到账。农信银资金清算中心聚焦数据分级分类、个人金融信息保护等行业标准，着力提升成员单位数据安全管理水平（见图 1-16 和图 1-17）。

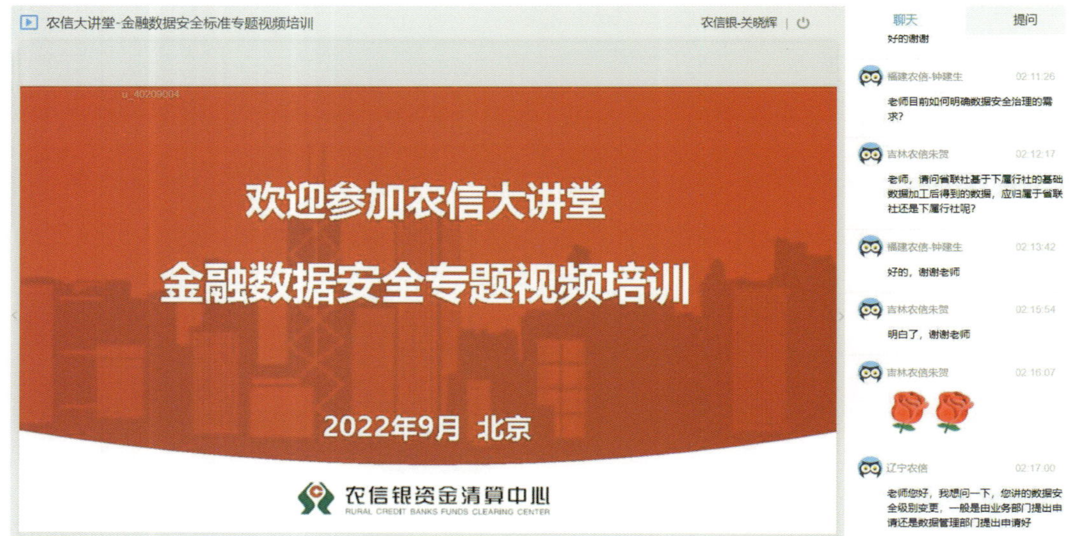

图 1-16 农信银开展金融数据安全专题培训

图 1-17 北京银行宣传《个人金融信息保护技术规范》标准

7. 提升标准国际化水平，服务金融制度型开放

人民银行原呼和浩特中心支行、哈尔滨中心支行、乌鲁木齐中心支行、中国工商银行等利用地理区位和境外分支机构优势，与蒙古国、俄罗斯、哈萨克斯坦开展金融标准化交流，推动与“一带一路”共建国家金融标准互认。中国工商银行在政务 APP、外贸企业贷款、银行开放平台等场景嵌入 LEI 接口，支持企业更加便捷地使用 LEI 注册与查询服务。网联清算有限公司建设 LEI 服务平台，向成员机构开放跨境法人数字身份识别功能，支持发放带有 LEI 的数字证书。活动期间，各单位围绕 LEI 开展宣讲会、知识问答、研讨会等各类宣传活动 6000 余场，覆盖企业 4 万余家（见图 1-18 至图 1-20）。

图 1-18　第二届金融知识科普游园会开展 LEI 宣传活动

图 1-19　人民银行原廊坊市中心支行开展 LEI 培训

“金融标准　为民利企”——关于LEI编码的五个小问题

中国债券信息网 2022-09-09 17:12 发表于北京

图 1-20　中央结算公司发布“金融标准　为民利企”——关于 LEI 编码的五个小问题　宣传长图

8. 创新活动多样化形式，普及金融标准化理念

中国银行业协会使用 Wiki 工具完成《银行业产品说明书描述规范》《银行营业网点　无障碍环境建设规范》2 项标准文本数字化处理，实现标准信息全文检索和交叉引用查询，为标准数字化推广提供有效途径。招商银行郑州分行参与的河南省首列“金融地铁专列”正式发车，通过张贴海报、配备专列讲解员等方式向乘客普及金融标准知识，打造立体化宣传阵地。蚂蚁集团通过支付宝“多懂一点”小程序开设金融标准知识互动专区，累计访问 1973 万人次（见图 1-21），推动支付宝、网商银行在官网披露金融产品和服务执行的标准信息。

图 1-21　支付宝“多懂一点”小程序开设的金融标准知识互动专区

二、2022 年金融领域企业标准“领跑者”活动

为推动金融机构提高企业标准化水平，促进金融产品服务高标准建设，人民银行办公厅、原银保监会办公厅、证监会办公厅联合印发《关于开展 2022 年度金融领域企业标准“领跑者”活动的通知》（银办发〔2022〕111 号），明确活动目标和要求，鼓励各方积极参与。

（一）活动领域

2022 年金融领域企业标准“领跑者”活动涵盖 4 个重点领域的 13 项产品和服务，分别是：商业银行服务领域，包括银行营业网点服务、网上银行服务；金融信息服务领域，包括移动金融客户端应用、金融分布式账本技术应用、商业银行应用程序接口服务、证券行业区块链服务、金融产品信息资讯服务、智慧金融服务；保险服务领域，包括电子保单服务；计算机及货币专用设备领域，包括自助终端（ATM）、销售点终端（POS）、条码支付受理终端、清分机。

经统计，本次活动参与企业共 4423 家，同比增长 18%；参与评估的企业标准共 4652 项，同比增长 9%。经人民银行数字货币研究所、支付清算协会、中国互联网金融协会、中国银行业协会、中国证券业协会、中国期货业协会、中国证券投资基金业协会、中国电子技术标准化研究院、中国钱币学会现金机具专业委员会、北京金融科技产业联盟、北京国家金融科技认证中心、重庆国家金融科技认证中心、中钞印制技术研究院有限公司鉴定中心 13 家评估机构严格评估审核和名单社会公示，共产生“领跑者”企业 182 家，同比增加 9 家，详细统计数据见表 1-1。

表 1-1　2022 年金融领域企业标准“领跑者”活动重点领域评估整体情况　单位：家

产品或服务		参与企业数	参评标准数	上榜标准数	上榜“领跑者”
银行营业网点服务		1822	2286	149	39
网上银行服务		1497	1149	30	30
移动金融客户端应用服务	银行业	362	404	24	24
	保险业	1	1	1	1
	非银支付机构	12	13	3	3
	证券业	58	78	12	8
金融分布式账本技术应用服务	银行、科技公司等	85	85	12	12
	证券业	3	3	1	1
商业银行应用程序接口服务		172	172	15	15
证券行业区块链服务		14	19	4	4
智慧金融服务（新增）		13	13	6	6
金融产品信息资讯服务（新增）		90	111	15	7
电子保单服务		132	132	34	10
自助终端（ATM）		52	52	3	3
销售点终端（POS）		30	30	7	3

续表

产品或服务		参与企业数	参评标准数	上榜标准数	上榜“领跑者”
条码支付受理终端		31	31	5	4
清分机	（纸币）	35	48	7	7
	（硬币）	14	25	5	5
总计		4423	4652	333	182

（二）活动成效

1. “领跑者”活动有力激发经营主体标准化活力

当前，金融业初步形成国家标准、行业标准、团体标准和企业标准协同发展的格局，企业标准建设成效显著。自2019年组织开展金融领域企业标准“领跑者”活动以来，各金融机构踊跃参与，积极建立健全企业标准体系，企业标准数量和质量稳步提高，“领跑者”数量逐年增加（见图1-22至图1-24），有效带动金融机构提升标准化意识，加强标准化能力建设，激发标准化工作创新活力。

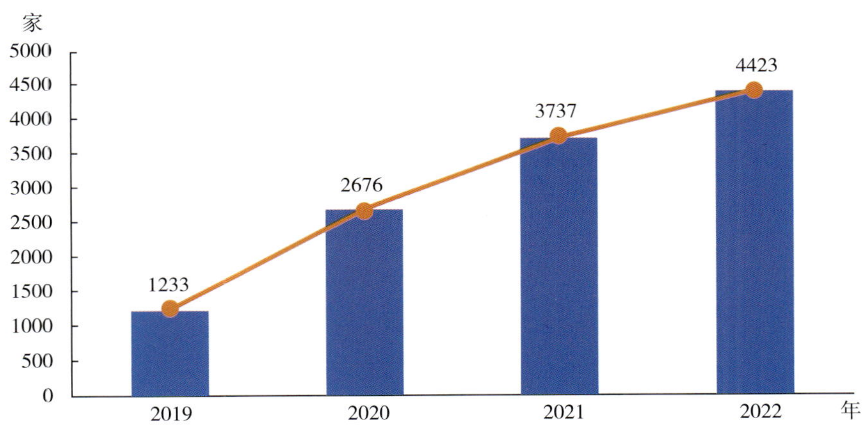

图1-22 历年参与企业数量情况

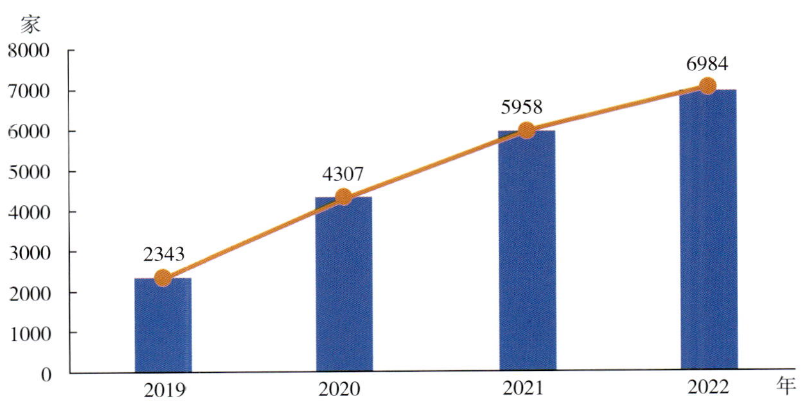

图1-23 历年公开有效的企业标准数量

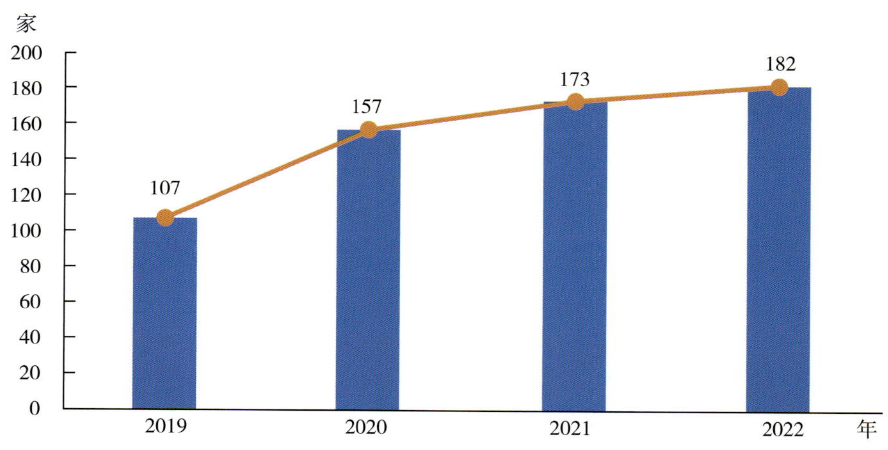

图 1-24 历年“领跑者”数量情况

2. “领跑者”活动引导金融机构更好服务金融业发展重点方向

作为金融标准体系的重要组成部分，企业标准既是支持金融机构业务的技术底座，也是服务金融业重点领域发展的阵地。在 2022 年“领跑者”活动中，通过将普惠金融服务、适老化服务、绿色金融、生僻字处理能力建设等指标纳入评估范围，引导金融机构加快重点领域标准升级迭代。其中，中国工商银行、中国建设银行、交通银行、浙商银行等单位重点加强生僻字处理、普惠金融服务、无障碍和适老化、劳动者港湾服务、数字人民币应用等领域标准建设实施；上海浦东发展银行、贵阳银行等单位围绕个人金融信息安全保护、软硬件国产化、操作系统国产化研制一批高质量企业标准；济宁银行、日照银行将碳中和融资、助农惠农服务等领域的建设要求细化落实到企业标准中，积极响应金融业发展重要领域和趋势。

3. “领跑者”活动有力支持金融领域质量强国建设

高质量的企业标准是金融机构提供高质量产品服务的重要保障。“领跑者”活动有效推动金融机构开展企业标准信息披露，有力促进标准实施，强化标准监督与共治；鼓励金融机构将创新成果转化为企业标准，以标准优势巩固技术优势，提升金融产品和服务质量；引导金融机构对标国内外先进标准，不断提高企业标准先进性、有效性和适用性，更好地服务金融领域质量强国建设。

第五节　金融标准化宣传

一、金标委秘书处组织开展宣传情况

2022 年，金标委秘书处组织开展“走进金融标准　网络直播课堂”系列培训 12 期（见图 1–25），解读《金融标准化“十四五”发展规划》及《自助银行网点服务要求》《银行业电话外拨服务规范》《金融服务　生僻字处理指南》《银行营业网点　无障碍环境建设规范》《人民币跨境支付清算信息交换规范》《保险行业网络建设基本规范》《金融信息系统加密服务的技术能力评价模型》《债券价格指标产品数据采集规范》《保险行业信息共享平台数据交换规范》《支付信息统计分析报文规范》10 项重点标准和 LEI 应用实施情况，总观看量超过 8000 人次。通过培训有效加深金融从业人员对《金融标准化“十四五”发展规划》内容的理解，掌握重点金融标准的编制背景和主要内容，了解 LEI 的起源、发展、应用等内容，帮助金融从业者更好开展金融标准化工作。

图 1–25　“走进金融标准　网络直播课堂”宣传海报

二、人民银行分支机构组织开展宣传情况

2022年，人民银行各分支机构积极组织辖内金融机构开展重点金融标准宣讲，提升行业标准化意识。

人民银行原天津分行组织开展银行营业网点相关金融标准解读培训，辖内40余家银行业金融机构参加。培训重点针对《银行营业网点　无障碍环境建设规范》（GB/T 41218—2021）、《银行营业网点适老服务要求》（Q/NFTC 080001—2021）等金融标准进行解读，配合实际案例详细讲解无障碍环境建设、适老服务达标要求，为后续开展银行营业网点对标达标工作奠定基础。

人民银行原沈阳分行指导辖内原营口市中心支行开展“同心抗疫　金融纾困”云端直通车“金融科技”号在线直播活动，围绕金融标准的概念、发展历程、作用等与电台主持人进行互动问答，对《农村普惠金融服务点　支付服务点技术规范》（JR/T 0157—2018）等多项标准进行解读，累计2.3万余名观众观看，并在线留言打卡、互动交流，营造了良好的金融标准化宣贯氛围。

人民银行原武汉分行面向社会公众和涉外企业开展LEI知识线上直播活动，以有奖问答、现场互动等形式介绍LEI的产生背景、编码规则和申请方式等内容，宣传LEI在帮助企业获取融资、改善经营方面发挥的突出作用，累计观看和参与人数2.3万人次，取得了良好社会宣传效果。

人民银行原营业管理部面向辖内各商业银行和支付机构分别开展金融科技标准和绿色金融标准专题解读宣讲，涉及《人工智能算法金融应用评价规范》（JR/T 0221—2021）等12项金融行业标准，累计2.2万人次参与宣讲，提升了金融从业人员的金融服务意识和学标准、用标准的自觉性。

人民银行原太原中心支行面向辖内银行业金融机构开展世界标准日宣传活动。组建山西省金融标准化专家库，加强金融标准化人才储备。重点讲解《金融服务　生僻字处理指南》（JR/T 0253—2022）、《信息技术　中文编码字符集》（GB 18030—2022）、《农村普惠金融服务点　支付服务点技术规范》（JR/T 0157—2018）等标准，推进金融业生僻字治理工作，提升普惠金融服务能力。

人民银行原合肥中心支行指导辖内原安庆市中心支行与当地人民广播电台合作，通

过在线访谈的形式解读企业和金融消费者密切关注的金融标准，现场解答群众关心的金融热点难点问题，有效扩大金融标准宣传影响力和覆盖面。

人民银行原郑州中心支行面向辖内商业银行和社会公众开展“明白消费　安心投资”大型金融知识普及公益直播活动，围绕个人金融信息保护、防范电信网络诈骗、消费者权益保护等重点金融服务领域开展金融标准知识普及，直播观看人数5.45万人次，互动点赞量4.2万次。

人民银行原南宁中心支行面向辖内金融机构和社会公众创新开展“推广绿色金融标准，普及绿色金融知识”线上有奖问答，吸引5292人次参与答题（见图1-26）；组织开展绿色金融标准解读培训，重点讲解《金融机构环境信息披露指南》（JR/T 0227—2021）等标准，参训人数1800余人次，有助于辖内金融机构因地制宜推进绿色金融标准实施。

图1-26　“推广绿色金融标准，普及绿色金融知识”线上有奖问答

人民银行原昆明中心支行将金融标准宣传融入“朝山节”等民族传统节日中，制作彝文、傈僳族文等双语宣传材料，开展金融标准“进苗寨”“进边境”活动，深入少数民族居住区，用少数民族语言对个人金融信息保护、不宜流通人民币等重点金融标准知识进行讲解，提升金融标准宣传的针对性。

人民银行原贵阳中心支行将金融标准宣传融入地方特色，指导人民银行原黔南州中心支行使用少数民族地区方言讲述标准知识，制作《银行营业网点服务基本要求》等宣传视频，视频在“抖音”等互联网媒体累计播放量超过 20 万次。同时将金融标准知识融入遵义地方“花灯戏”（见图 1-27），自编、自导戏剧内容，由人民银行原遵义市中心支行工作人员配以诗朗诵、舞蹈等形式表演，有效提升金融标准宣传趣味性和宣传成效。

图 1-27 “金融标准 为民利企”花灯戏

人民银行原西宁中心支行面向辖内分支机构和各商业银行举办金融标准化专项宣讲，省内 7 家人民银行分支机构、23 家金融机构代表共计 300 余人参加。重点解读《国家标准化发展纲要》《金融标准化“十四五”发展规划》，系统介绍金融标准相关知识和政策文件，引导金融机构运用标准化理念推动高质量发展及数字化转型。

人民银行原银川中心支行面向辖内各商业银行举办宁夏辖区金融领域企业标准专项培训班和金融数据安全标准线上解读宣讲，邀请外部专家讲解企业标准体系建设过程及企业标准化良好行为评价的开展方式，深入解读《金融数据安全 数据安全分级指南》

（JR/T 0197—2020）等 2 项金融行业标准，并引入实际案例直观展示标准化工作成效，有效激发各金融机构开展金融标准化工作的积极性。

三、金标委分委会组织开展宣传情况

证券分委会开通“资本市场标准化”微信公众号，及时发布标准化工作最新动态和工作成果，打造行业标准化工作信息传递的“新窗口”。策划“走进标准”系列活动，组织开展 9 期主题宣讲，邀请专业工作组首席专家、“领跑者”上榜单位等代表，分享实践经验，线上总观看量超过 3000 人次。组织已发布标准的牵头单位录制 11 期标准解读视频并在资本市场标准网公开，直观展示标准化工作成果。

保险分委会积极推动保险机构开展标准宣介和贯标培训，不断提高行业保险标准化意识和认知水平，指导行业机构学习“一图读懂金融标准”系列文章，开展数据安全标准线上竞答，邀请行业专家解读数据安全标准、个人金融信息保护技术规范、人工智能算法金融应用评价规范等标准，累计开展金融标准化宣传活动 706 场次，覆盖人数 2.3 万人次，发布金融标准宣传材料 105 篇，累计阅读量 13 万次。

印制分委会组织开展《不宜流通人民币　纸币》（JR/T 0153—2022）金融标准宣传，通过线上会议、视频录制等方式，在行业内广泛宣传和讲解标准，推动行业运用标准化方式组织生产、经营、管理和服务。

四、金标委委员单位组织开展宣传情况

国家外汇管理局科技司组织开展“学标准　促应用”网络直播讲堂，学习和研讨《金融标准化“十四五”发展规划》以及数据分类分级、网络安全等级保护等重点领域标准，形成“学标准　用标准”的良好局面，增强金融标准化工作能力。

人民银行清算总中心开展《金融标准化“十四五”发展规划》宣贯，解读重点标准编制背景、主要内容及应用实施案例，有效促进金融标准落地。组织 13 名技术人员参加“GB/T 1.1 系列新标准宣贯及 SET2022 软件应用培训”，并自行组织开展标准编写培训，有效提升金融标准化意识及工作水平。

中央结算公司在《中国银行业理财市场半年报告（2022 年上）》中发布题为《产品介绍要素标准引领行业规范化发展》的专栏文章（见图 1-28），对标准制定的背景和目

的、标准主要内容进行介绍，呼吁各机构共同践行标准。

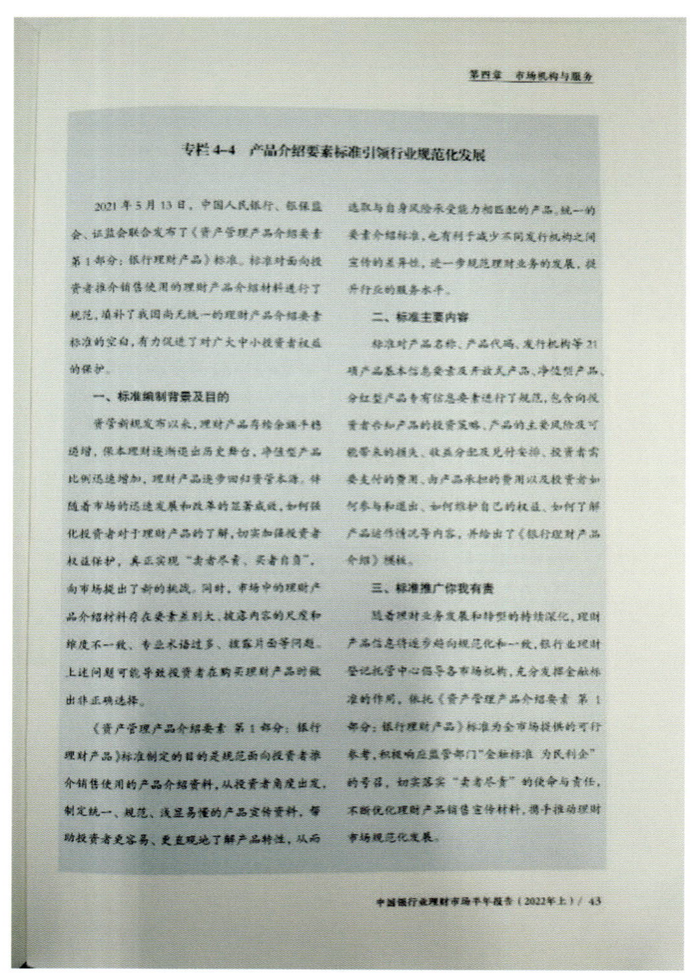

专栏4-4　产品介绍要素标准引领行业规范化发展

2021年5月13日，中国人民银行、银保监会、证监会联合发布了《资产管理产品介绍要素 第1部分：银行理财产品》标准。标准对面向投资者推介销售使用的理财产品介绍材料进行了规范，填补了我国尚无统一的理财产品介绍要素标准的空白，有力促进了对广大中小投资者权益的保护。

一、标准编制背景及目的

资管新规发布以来，理财产品存续余额平稳递增，保本理财逐渐退出历史舞台，净值型产品比例迅速增加，理财产品逐步回归资管本源。伴随着市场的迅速发展和改革的显著成效，如何强化投资者对于理财产品的了解，切实加强投资者权益保护，真正实现“卖者尽责、买者自负”，向市场提出了新的挑战。同时，市场中的理财产品介绍材料存在要素差别大、披露内容的尺度和维度不一致、专业术语过多、披露片面等问题。上述问题可能导致投资者在购买理财产品时做出非正确选择。

《资产管理产品介绍要素 第1部分：银行理财产品》标准制定的目的是规范面向投资者推介销售使用的产品介绍资料，从投资者角度出发，制定统一、规范、浅显易懂的产品宣传资料，帮助投资者更容易、更直观地了解产品特性，从而选取与自身风险承受能力相匹配的产品。统一的要素介绍标准，也有利于减少不同发行机构之间宣传的差异性，进一步规范理财业务的发展，提升行业的服务水平。

二、标准主要内容

标准对产品名称、产品代码、发行机构等21项产品基本信息要素及开放式产品、净值型产品、分红型产品专有信息要素进行了规范，包含向投资者告知产品的投资策略、产品的主要风险及可能带来的损失、收益分配及兑付安排、投资者需要支付的费用、由产品承担的费用以及投资者如何参与和退出、如何维护自己的权益、如何了解产品运作情况等内容，并给出了《银行理财产品介绍》模板。

三、标准推广你我有责

随着理财业务发展和转型的持续深化，理财产品信息将逐步趋向规范化和一致，银行业理财登记托管中心倡导各市场机构，充分发挥金融标准的作用，依托《资产管理产品介绍要素 第1部分：银行理财产品》标准为全市场提供的可行参考，积极响应监管部门“金融标准 为民利企”的号召，切实落实“卖者尽责”的使命与责任，不断优化理财产品销售宣传材料，携手推动理财市场规范化发展。

图1-28　《产品介绍要素标准引领行业规范化发展》专栏文章

中国银联充分利用微信公众号、视频号等新媒体渠道，发布“金融标准　为民利企丨《金融服务　生僻字处理指南》（JR/T 0253—2022）”“金融标准　为民利企丨《条码支付互联互通技术规范》（JR/T 0245—2021）”“质量月丨守护老人养老钱，常回家看看！”等系列宣传材料，广泛宣传标准知识。同时，面向入网银行、机构、厂商等组织技术标准培训8场，参与人数2080人次，有效推进中国银联企业标准的落地实施。

上海黄金交易所举办年度会员大会，面向会员宣贯《客户保证金数字化监管业务接口标准》，对会员提出的问题进行解释答疑、提供支持，积极引导上海黄金交易所会员根据该标准进行系统开发工作。

中国互联网金融协会举办“量子信息、人工智能和科技伦理”专场主题培训，对

《金融领域科技伦理指引》（JR/T 0258—2022）行业标准进行解读。联合会员单位举办《金融标准化“十四五”发展规划》培训，对规划总体思路、发展目标、重点任务等内容进行解读，推动行业机构将各项任务落到实处、取得实效。

上海票据交易所积极组织员工参加《金融标准化“十四五”发展规划》培训、金融科技应用实践分享及 LEI 应用实施情况讲座等，同时在公司内部摆放展板对数据安全、个人信息保护等制度规范进行讲解宣传，有效提升公司员工的金融标准化意识，提高技术人员在数据治理与网络安全等方面的能力与水平。

网联清算有限公司面向 200 余家商业银行和 100 余家支付机构开展企业标准培训（见图 1-29），围绕《网络支付清算平台　报文交换技术规范（V1.5）》等企业标准修订的业务背景、监管要求和业务规则、企业标准中新增及调整的报文交互流程、报文填写说明等内容进行讲解，有效帮助成员机构理解企业标准的业务和技术要点，推动企业标准落地实施。邀请外部专家围绕《ISO 标准化的前世与今生》进行讲解（见图 1-30），30 余名员工参加培训并就 ISO 组织架构、文件版权等进行热烈的讨论。

图 1-29　企业标准培训

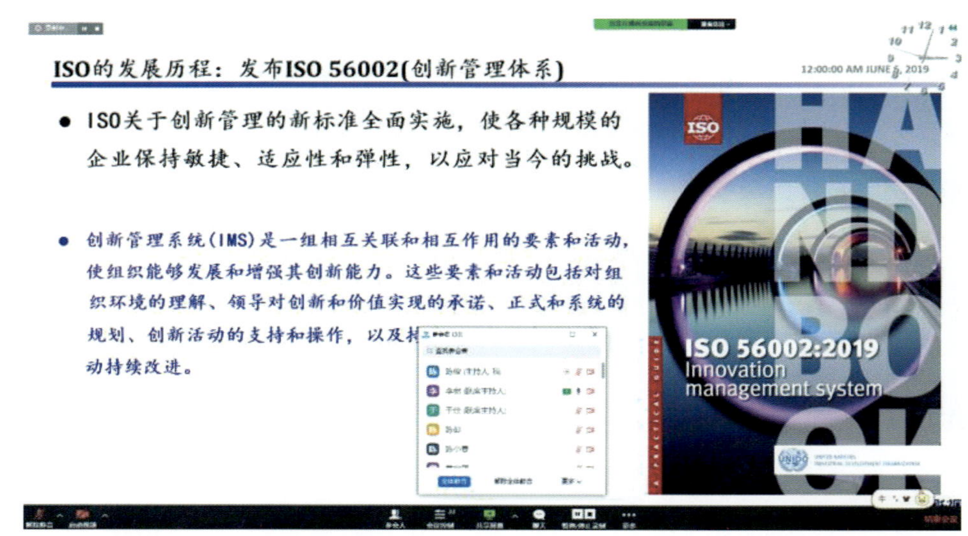

图 1-30 《ISO 标准化的前世与今生》培训

农信银资金清算中心组织农信系统成员单位通过“农信大讲堂”线上直播平台开展金融数据安全标准培训（见图 1-31），邀请外部专家详细解读金融标准中的数据安全分级方法及规则、数据全生命周期的数据安全组织架构、防护技术及安全运维要求等核心内容，助力农信机构数字化转型。

图 1-31 农信大讲堂——外部专家讲解金融数据安全评估

城银清算公司举办以金融标准化为主题的线上线下知识课堂，在公司门厅、走廊、员工活动室的宣传栏张贴金融标准化主题系列知识海报，在企业内部营造对标达标的良好氛围。

中国工商银行组织全国各地分支机构通过网上银行、手机银行、网点大屏幕以及“进企业、进社区、进校园、进乡村”等方式，灵活多样地开展标准化知识宣传，营造“学标准、讲标准、用标准”的良好氛围，提升规范开展金融服务、扎实为民、切实利企的思想意识。

中国农业银行面向各部室标准工程师、金融领域企业标准“领跑者”活动工作组人员开展 2 期企业标准编制培训班。在全国范围内累计开展金融标准化宣传活动 1 万余次，有效扩大金融标准影响力，帮助金融从业人员及广大消费者学习、掌握和使用标准（见图 1–32）。

图 1–32　中国农业银行在网点普及金融标准化知识

中国银行通过晨会、夕会、中银研修云平台等形式，组织各级分支机构学习《人民币现金机具鉴别能力技术规范》（GB 40560—2021）等标准，提升员工专业素养和服务质效，组织开展知识竞赛答题、打榜排名等活动，进一步激发员工学习热情，提升宣传工作实效。设立宣传讲解员为客户答疑，开展金融标准知识厅堂“微沙龙”“微讲堂”等活动，为客户提供更为直观互动的宣讲方式。在全国范围内开展金融标准化宣传活动 1 万余次，并重点开展金融消费者权益保护标准宣传活动三千余次，绿色金融标准宣传活动一千余次，加深消费者对金融标准的认识和理解。

中国建设银行依托建行学习平台开设个人客户信息保护专区，布放视频课程、直播回放、精品图书、典型案例等多样化的学习内容供员工学习，并针对性开展知识测验，检验学习效果，活动期间专区内必修课程及知识测验完成人次达到22万余次。举办2022年标准化管理培训班，围绕网络安全、大数据、人工智能领域的标准化现状及发展趋势、相关重点金融标准开展授课，共计371位学员参加培训，累计观看时长达2183小时。

交通银行指导子公司交银理财有限责任公司在“交银理财”微信公众号发布《什么是产品介绍要素标准化》宣传文章，解答理财产品关键要素等问题，普及金融标准化理念，帮助投资者了解理财产品特征和特性，判别产品和投资目标的适配程度。积极拓展“进社区、进农村、进家庭、进学校、进企业”等活动，向广大客户现场讲解金融标准知识，营造浓厚的宣传氛围，加强群众对金融标准的认知（见图1-33）。

图1-33　交通银行在营业场所现场宣传金融标准化知识

中国邮政储蓄银行通过“线上+线下”“集中性+阵地性”的宣传矩阵，面向不同的金融消费者群体，组织开展对象化、分众化、互动化的宣传活动，普及金融标准制定背景和实施意义等，提升金融标准社会认知度。通过晨会、夕会、周例会、专题培训会、宣讲会、“中邮网院”APP 等线上线下方式，结合中国邮政储蓄银行各条线对应的重点标准，组织开展专项标准培训活动（见图 1-34 和图 1-35）。

图 1-34　中国邮政储蓄银行在营业场所宣传金融标准化知识

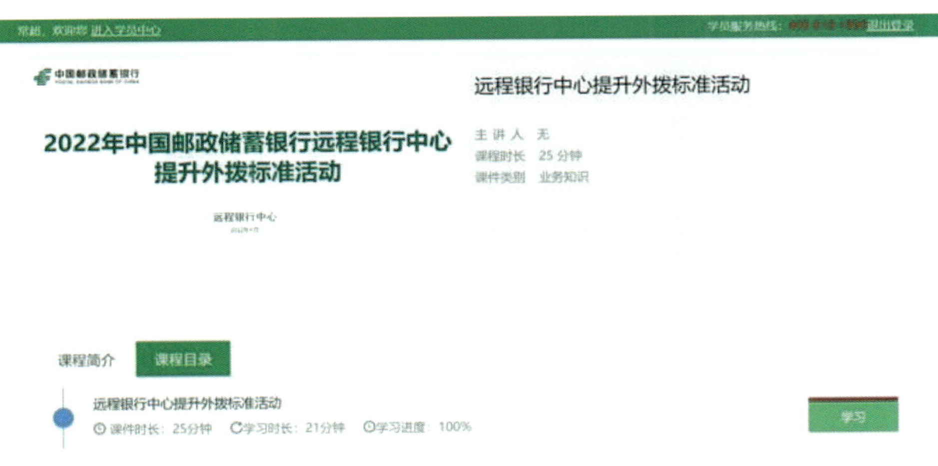

图 1-35　中国邮政储蓄银行开展金融标准远程培训

中信银行通过总行分行、场内场外等形式积极开展金融标准化宣传，组织各类宣传学习活动1200余次，受众客户量逾60万人次，不断增强宣传工作的针对性和实效性，及时、准确、全面宣传金融标准化工作的新举措和新成效，有效增强人民群众的获得感、幸福感和安全感（见图1-36和图1-37）。

图1-36　中信银行开展银行业电话外拨服务规范培训

图1-37　中信银行开展信息安全金融标准培训

中国光大银行围绕《国家标准化发展纲要》《金融标准化“十四五”发展规划》、金融消费者权益保护、绿色金融、金融数字化转型等领域开展金融标准化宣传共计 300 余场，覆盖 4 万余人。同时，在“中国光大银行科技创新实验室”以及各分行的公众号、网站发布标准一图读懂宣传材料 13 篇、宣传短视频 4 篇、标准解读材料 4 篇，宣传重点金融标准，加强标准知识学习。

招商银行通过标准工作月刊对金融标准进行常态化宣传，解读金融行业标准和相关政策规划，深化金融从业者对金融标准的认识（见图 1-38）。积极开展生僻字标准宣传，录制《遵守互联标准　打破生僻字困局》公益讲座，累计播放量达 7.7 万人次（见图 1-39）。

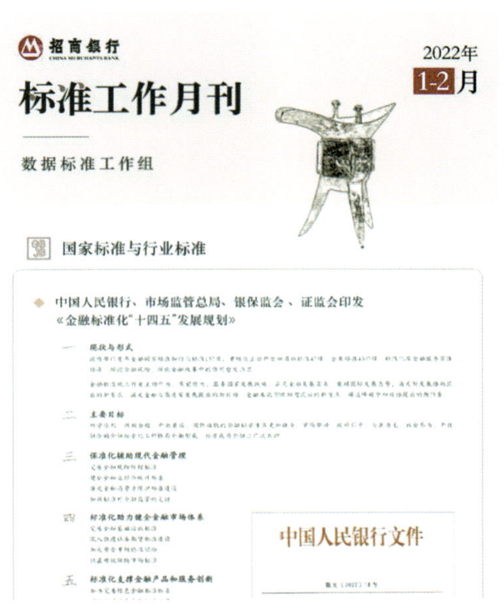
招商银行

2022年 1-2月

标准工作月刊

数据标准工作组

国家标准与行业标准

中国人民银行、市场监管总局、银保监会、证监会印发《金融标准化“十四五”发展规划》

一　现状与形式

二　主要目标

四　标准化助力健全金融市场体系

五　标准化支撑金融产品和服务创新

中国人民银行文件

图 1-38　招商银行标准工作月刊宣传《金融标准化“十四五”发展规划》

图 1-39　《遵守互联标准　打破生僻字困局》讲座海报

重庆农村商业银行通过“金融标准小课堂”面向全行职工开展标准知识培训，制作《金融服务　生僻字处理指南》（JR/T 0253—2022）等 4 项金融标准解读视频，累计 1.2 万人次参与培训，有效提升员工金融标准化能力。深入街道、社区、学校、企业、乡村、务工聚集地等，积极宣传《人民币现金机具鉴别能力技术规范》（GB 40560—2021）、《个人金融信息保护技术规范》（JR/T 0171—2020）等重点金融标准以及 LEI 在国际贸易等方面的重要作用，将金融标准化的概念、知识传达给金融消费者，讲好金融标准化故事，传播好金融标准化价值（见图 1-40）。

图 1-40　重庆农村商业银行在普惠金融服务点宣传金融标准

中国人民保险集团积极开展金融保险标准宣传，充分提升宣传成效，累计开展金融标准化宣传活动 706 场次，覆盖人数达 23000 余人。在公司网站、微信公众号及其他社交媒介上发布或转发金融标准宣传材料 105 篇，累次阅读量超 13 万次。其中，人保寿险通过“金融标准化调查问卷”，有效摸底公司标准化工作开展的基础和各级诉求，同时促进填报人员对标准化政策，特别是金融客户端、个人金融信息保护、金融数据安全等方面标准的学习，累计 1682 人次参加问卷填写，近百人反馈建议。人保科技开展数据安全标准线上竞答，并邀请行业专家就数据安全标准、个人金融信息保护技术规范、人工智能算法金融应用评价规范标准等进行解读。

北京国家金融标准化研究院围绕“金融标准化从业者技能培训”“金融网络安全标准”“从标准看金融数据安全”等热点话题组织开展 4 场线上培训，累计 1311 人次参加培训（见图 1-41 和图 1-42）。

图 1-41　金融标准化从业者技能培训海报

图 1-42　“从标准看金融数据安全”线上培训海报

北京国家金融科技认证中心面向人民银行分支机构开展《金融标准化“十四五”发展规划》等政策、规划、标准公益宣讲及解读 38 次，累计 8000 余人次参加活动。组织开展“‘金融标准　为民利企’‘云聚金融科技’重点知识普及和应用实践分享会”线上直播，针对金融机构关注的热点金融标准进行解读，吸引千余家机构参与收看（见图 1-43）。

图 1-43　“云聚金融科技”重点知识普及和应用实践分享会海报

蚂蚁集团建立“A-share 标准分享荟”“多懂一点金融标准”专区，邀请专家详细解读《国家标准化发展纲要》《金融标准化“十四五”发展规划》《金融行业信息系统商用密码应用基本要求》（JR/T 0255—2022）等系列金融标准，营造全员“学标准 用标准”的良好氛围（见图 1-44 和图 1-45）。

图 1-44 “A-share 标准分享荟”海报

图 1-45 专家解读《国家标准化发展纲要》

华为公司面向华为金融政企、计算生态使能、金融军团、计算标准专利部、解决方案销售部、ICT 产品管理和解决方案等 10 余个部门，解读《分布式数据库技术金融应用规范技术架构》（JR/T 0203—2020）、《分布式数据库技术金融应用规范安全技术要求》（JR/T 0204—2020）、《分布式数据库技术金融应用规范灾难恢复要求》（JR/T 0205—2020）等金融标准，有效推动华为技术解决方案与金融标准融合。

第六节　金融标准检测认证

随着《金融标准化“十四五”发展规划》的发布实施，金融标准与检测认证协同发展，标准实施效果得到显著提升。金融业标准检测认证协同工作体系进一步成熟，金融质量基础设施积极响应金融发展需求，发挥金融标准检测认证“保底线、拉高线”的效能，服务金融高质量发展，为打造更为智慧、开放、普惠、共享的金融服务体系赋能助力。

一、金融质量基础设施厚筑基础

根据全国认证认可信息公共服务平台数据显示，截至 2022 年末，共计 17 家认证机构备案 47 项金融产品和服务相关认证项目，新增认证项目 7 项（见表 1-2）。其中，国家统一推行的金融科技产品认证新增 3 项，证券期货业新增自愿性产品认证 1 项，服务认证新增生僻字服务、绿色网点服务与银行营业网点无障碍服务认证 3 项。金融标准检测认证领域由银行业向证券业延伸，在聚焦金融科技应用与安全保障的同时，服务绿色金融、普惠金融有序发展的作用日益凸显。

表 1-2　2022 年有效认证业务

序号	认证类别	认证子类别	认证项目名称
1	产品认证	国家统一推行的产品认证	金融科技产品认证　客户端软件
2			金融科技产品认证　声纹识别系统
3			金融科技产品认证　安全芯片
4			金融科技产品认证　安全载体
5			金融科技产品认证　嵌入式应用软件
6			金融科技产品认证　可信应用程序
7			金融科技产品认证　移动终端可信执行环境
8			金融科技产品认证　银行卡自动柜员机（ATM）终端

续表

序号	认证类别	认证子类别	认证项目名称
9	产品认证	国家统一推行的产品认证	金融科技产品认证　支付销售点（POS）终端
10			金融科技产品认证　条码支付受理终端（含显码设备、扫码设备）
11			金融科技产品认证　云计算平台
12			金融科技产品认证　多方安全计算金融应用(**新增**)
13			金融科技产品认证　区块链技术产品(**新增**)
14			金融科技产品认证　商业银行应用程序接口(**新增**)
15		自愿性产品认证	移动终端安全金融盾认证
16			个人信用报告自助查询终端认证
17			移动金融无障碍客户端软件认证
18			金融科技技术产品通用安全认证
19			商业银行会计核算软件数据接口认证
20			金融及贸易结算电子设备电磁兼容认证
21			证券期货业移动互联网应用程序安全认证(**新增**)
22	服务认证		非银行支付机构支付业务设施技术认证
23			移动金融技术服务认证　安全载体（SE）
24			移动金融技术服务认证　嵌入式应用软件
25			移动金融技术服务认证　安全芯片
26			移动金融技术服务认证　移动终端可信执行环境
27			移动金融技术服务认证　可信服务管理系统
28			金融安全载体个人化生产企业服务认证
29			金融密码应用服务认证
30			银行卡发卡系统技术认证
31			银行卡清算组织业务设施技术认证
32			银行营业网点服务认证
33			金融业信息系统机房动力系统认证
34			农村普惠金融支付服务点认证
35			IPv6 金融应用认证
36			网上证券交易服务认证
37			网上银行服务认证
38			金融行业数据中心技术设施等级认证
39			中小银行信息系统托管维护服务认证
40			个人金融信息保护标准符合性认证

续表

序号	认证类别	认证子类别	认证项目名称
41		服务认证	金融业数据能力等级认证
42			金融业数据中心基础设施等级认证
43			个人金融信息保护能力认证
44			银行营业网点适老服务认证
45			银行营业网点生僻字客户服务认证（**新增**）
46			绿色网点服务认证（**新增**）
47			银行营业网点无障碍环境建设服务认证（**新增**）

二、检测认证推动金融标准实施更加有力

通过检测认证的机构数量稳步增长。除港澳台外的全国 31 个省（自治区、直辖市）均以不同形式开展了金融标准认证工作。截至 2022 年末，累计 3018 家申请方[①]获得认证，通过认证的申请方同比增长 6%。其中，银行营业网点服务认证的申请方达 960 余家，覆盖网点数 32000 余个，通过金融科技产品认证的客户端软件 1615 款[②]，获证机构与认证对象数量稳中有进。近 10 年来通过金融检测认证申请方数量（见图 1-46）。

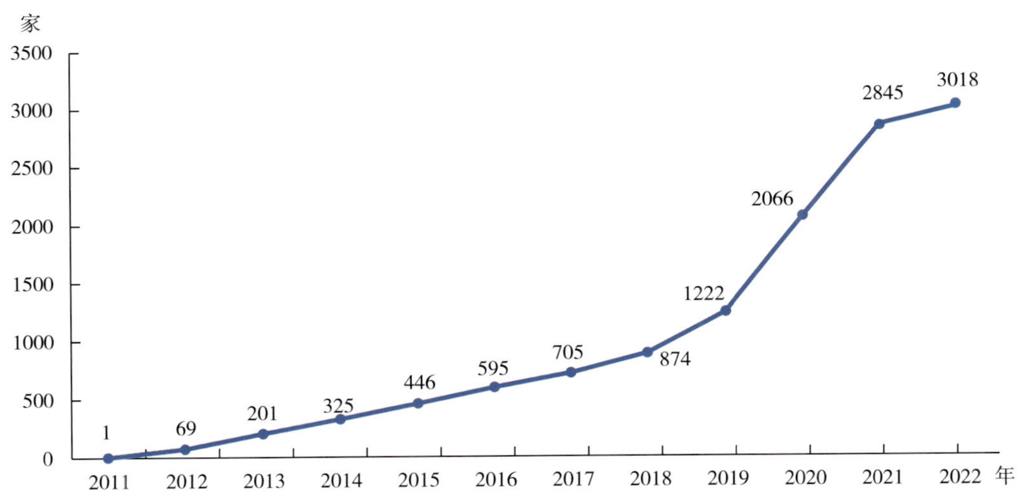

图 1-46　通过检测认证的申请方数量

① “申请方”包括持牌金融机构，以及金融产品与服务产业上下游企业。同一认证申请方申请不同领域认证时，统计数据进行累加计数。

② 同一客户端应用的不同平台版本（安卓平台、IOS 平台等）独立计数。

检测认证助推金融标准落地实施。截至 2022 年末，金融业产品和服务认证依据的各级金融标准共计 89 项，同比增长 7%（见图 1-47）。其中金融国家标准 3 项，金融行业标准 76 项，金融团体标准 10 项。检测认证援引金融团体标准数量有所增长，标准应用供给多元化格局逐步形成，有力推动各级金融标准的落地实施。

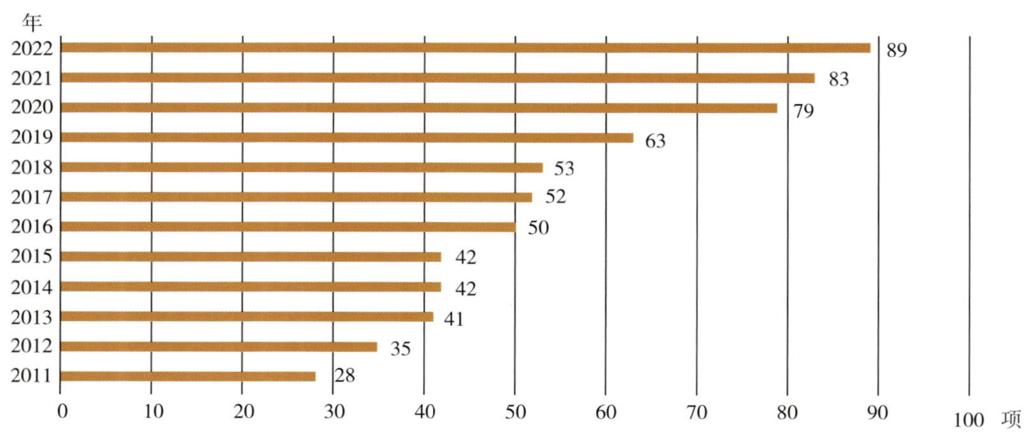

图 1-47　2011—2022 年检测认证依据标准数量情况

检测认证驱动金融标准应用新形势。随着“金融标准+检测认证”的稳步开展，标准应用的质量效益与业务支撑作用逐渐显现。截至 2022 年末，金融机构对金融业网络安全等级保护和个人金融信息保护行业标准对标率达 80% 以上，多家金融业社会团体发布适老服务、无障碍服务、生僻字客户服务等团体标准，2600 余家银行业金融机构结合自身实际和金融服务新需求制定了银行营业网点服务企业标准。金融团体标准、企业标准呈现蓬勃发展态势，检测认证逐渐成为金融标准应用的外部新动能。

三、检测认证助力提升金融服务水平

坚持守正创新，助推金融数字化转型稳健发展。依据《金融业数据能力建设指引》（JR/T 0218—2021）推出金融业数据能力等级认证，引导金融机构加强数据战略规划，着力做好数据治理工作，提升金融机构数据能力建设水平。优化金融业数据中心基础设施等级认证，推出绿色金融数字技术应用评估系列服务，探索开源技术测评方法，深耕移动金融客户端软件认证，严把个人信息收集与使用关口，强化安全检测力度，为金融数字化转型提供多元化保障。

笃行金融为民，辅助提升普惠金融服务温度。以银行营业网点服务国家标准为基础，围绕绿色、无障碍、生僻字等金融国家与行业标准，推出无障碍环境建设、适老服务、生僻字服务与绿色银行营业网点服务组合认证，支撑银行营业网点服务转型升级，切实提升人民群众对金融服务的获得感和满意度。推广移动金融无障碍客户端软件认证，着力弥合“银发族”在线上办理业务的“数字鸿沟”，提升残障人士等特殊群体金融服务可得性、易用性和安全性。持续推进农村普惠金融服务点认证，有力促进金融支持乡村振兴。

恪守科技向善，营造公平开放的金融服务环境。参照《金融领域科技伦理指引》(JR/T 0258—2022)，北京国家金融科技认证中心推出人工智能金融应用伦理影响评估服务，明晰科技创新的伦理边界，引导人工智能金融应用健康发展，创造公平公正、安全放心的消费环境，维护金融消费者长远和根本利益。目前，宁波银行、齐鲁银行等机构已率先完成试点评估。此外，面对金融科技创新发展新趋势，推出多方安全计算、区块链、商业银行应用程序接口等第二批金融科技产品认证，坚持应用创新与防范风险并重，让安全合规、使用便捷的金融科技产品更好地惠及广大金融消费者。

第七节　金融标准实施评估

为健全金融标准实施信息反馈机制，跟踪掌握金融标准实施水平，金标委秘书处组织开展 2022 年金融标准实施评估工作。评估结果表明，金融机构对标准化工作的重视程度不断增强，金融标准实施水平持续提升。

一、评估工作情况

相较 2021 年，2022 年评估工作在评估对象和范围、指标设置、工作机制等方面得到进一步优化。

（一）评估范围更加广泛

评估范围首次由银行扩大至证券、保险及现金机具领域，由金标委秘书处统筹金标委证券分委会、保险分委会联合开展。评估标准共 34 项，其中银行领域 18 项、证券领域 1 项、保险领域 15 项。参与评估机构共 314 家，包括商业银行 260 家、证券机构 13

家、保险机构 21 家、现金机具厂商 20 家（见图 1-48）。

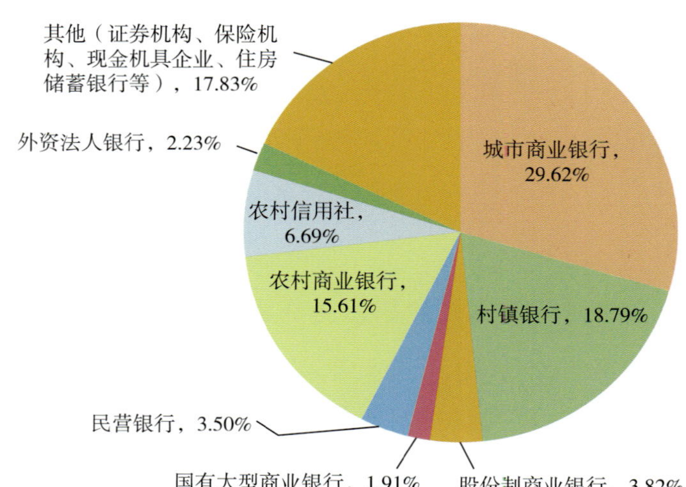

图 1-48　参与评估的金融机构类型分布

（二）评估模式更加合理

在延续往年使用通用问卷的基础上，2022 年选取人民币现金机具鉴别能力、资产管理产品介绍要素、农村普惠金融服务点 3 项重点标准，围绕其核心技术指标设计了专项评估问卷，进一步提升评估的针对性和准确性。

（三）评估指标更加完善

在评估问卷中增加《金融标准化“十四五”发展规划》实施情况、金融标准应用实施方式、金融机构执行标准信息披露情况、标准化岗位设置和人才培养情况等指标，更好体现金融标准化发展需要和趋势。

二、金融机构标准实施情况

（一）商业银行标准实施水平总体较为领先

从标准平均对标率来看，商业银行标准实施情况整体上略好于证券和保险机构（见图 1-49）。

银行领域，行业合规管理相关标准对标达标较好，金融业网络安全等级保护、个人金融信息保护、网上银行系统信息安全、金融业数据能力建设指引等标准的对标率达 70%以上。内部运营及管理相关标准对标情况一般，银行业电话外拨服务、银行业集中营运等标准的对标率约为 50%。新技术应用相关标准对标水平有待提升，人工智能算法、多方安全计算等标准在金融业尚未广泛应用，对标率在 40%及以下。

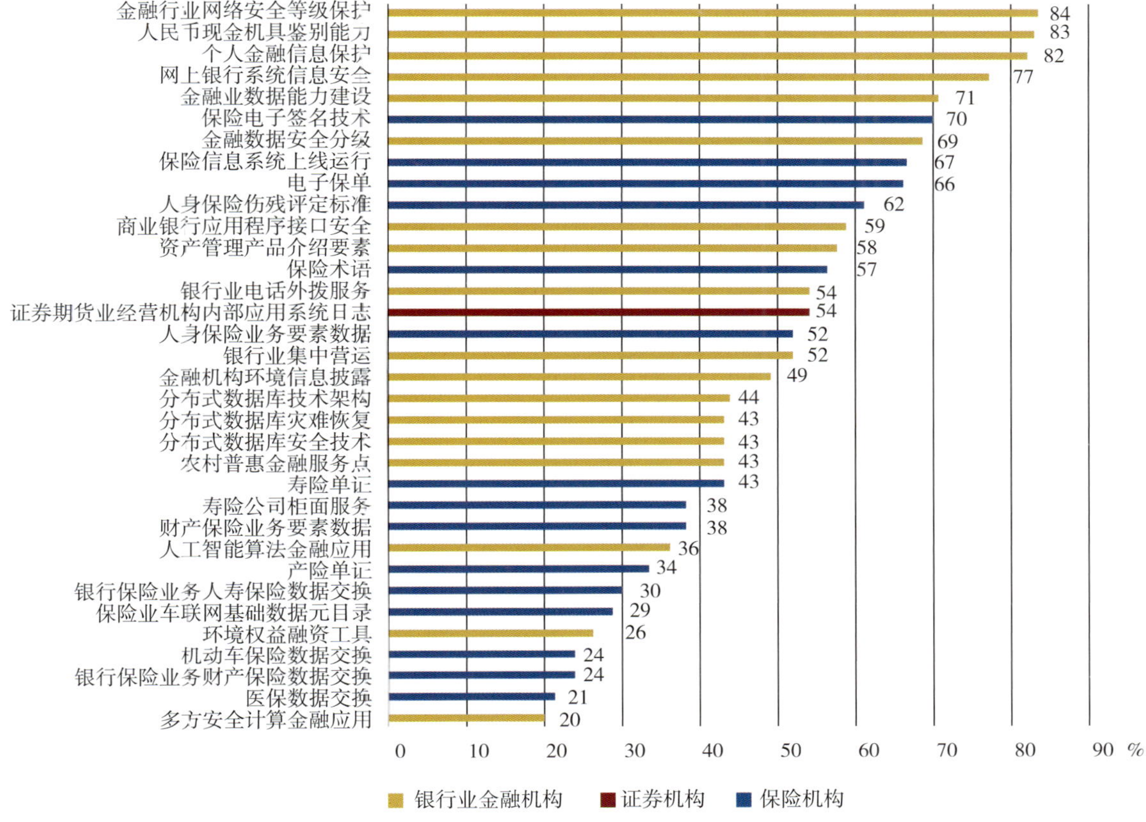

图 1-49 金融机构标准对标率

证券期货领域，本次调研 1 项内部运营及管理类标准《证券期货业经营机构内部应用系统日志规范》，结果显示 54%的证券机构开展了对标。

保险领域，数字化转型相关标准对标率在 60%以上，如保险电子签名技术、保险信息系统上线运行、电子保单等标准。业务管理相关标准对标率在 50%左右，如保险术语、人身保险业务要素、寿险单证等标准。数据交换相关标准的对标机构较少，如保险业务数据元、机动车保险数据交换、银行保险业务财产保险数据交换、医保数据交换等标准。

现金机具领域，做好强制性国家标准《人民币现金机具鉴别能力技术规范》(将于 2023 年 8 月实施）实施准备工作，对 2017 年发布实施的行业标准《人民币现金机具鉴别能力技术规范》进行专项评估，结果显示：商业银行平均达标率为 93%，且 90%以上银行在采购人民币现金机具时参考行标，约 80% 银行表示熟知强标内容，正在为强标实施做准备；现金机具厂商达标率 100%，部分厂商基于行标完善了部门规章制度，并制定更为先进的企业标准。

（二）对标准的认可和重视成为驱动金融机构标准化工作的主要动力

评估结果显示，相较于金融管理部门发文要求等外部力量，金融机构实施标准的动力更多来自对标准价值的认可，主要体现为标准在提升金融机构内部管理水平、引领技术发展、提升服务质量方面的作用（见图 1-50）。

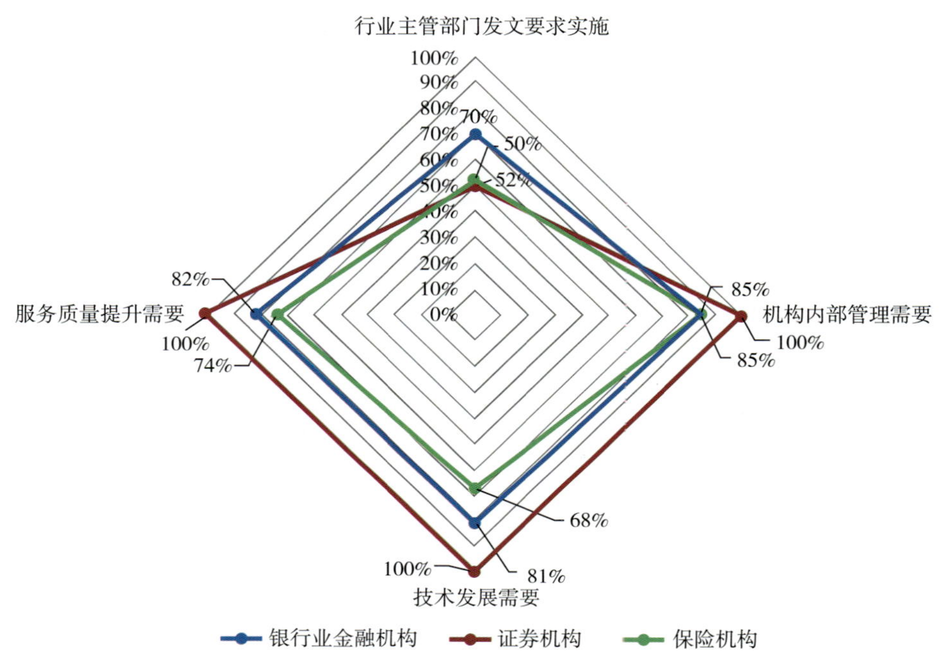

图 1-50　金融机构实施标准的驱动力

（三）金融标准实施的质量效益最为显著

从本次调研的全部标准来看，金融机构对标准实施产生的质量效益最为认可（92%），其次是社会效益（84%）和经济效益（77%），对标准实施的生态效益认可度较低（46%）（见图 1-51）。对于绿色金融行业标准《金融机构环境信息披露指南》《环境权益融资工具》，87% 已对标的商业银行认为实施标准对生态效益有提升作用。

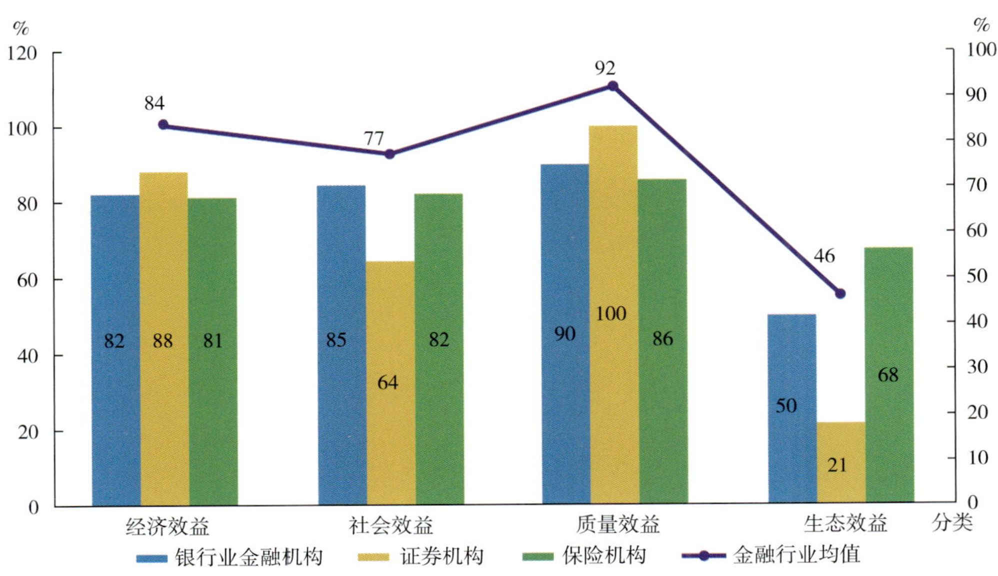

图 1-51 金融机构对标准实施效益的认识

（四）标准对金融机构业务支撑作用有所增强

评估结果显示，部分银行、证券、保险机构在订立或履行合同、招投标等业务活动中引用金融标准，标准服务金融机构治理和业务的作用进一步加强（见图 1-52）。

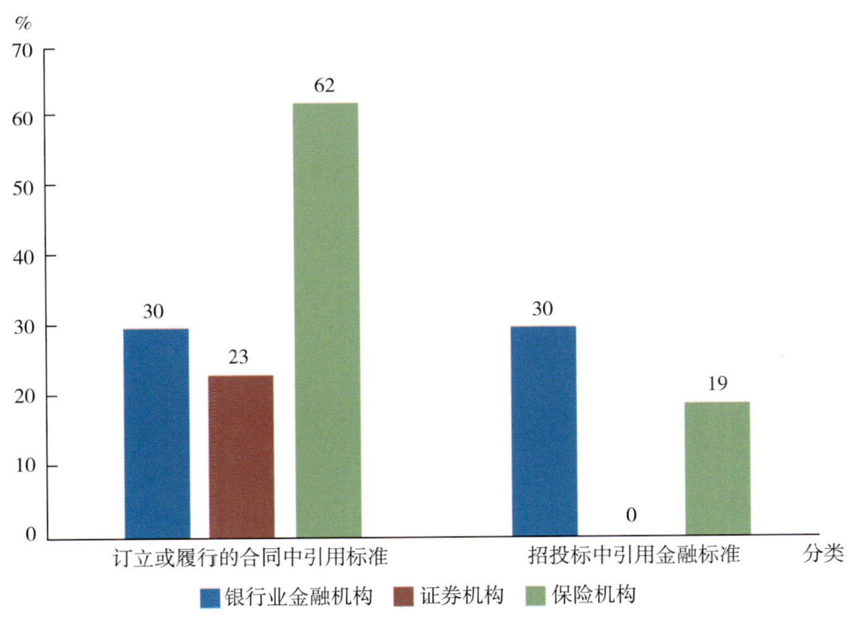

图 1-52 标准支持金融机构业务开展情况

三、金融机构标准化能力建设情况

（一）标准化工作逐步纳入金融机构发展规划

评估结果显示，全部国有大型商业银行、92%股份制商业银行、82%民营银行，以及70%以上城商行、农商行、农村信用社将标准化工作列入本单位发展规划（见图 1-53）。此外，近半数金融机构在制定机构发展规划时参考了《金融标准化“十四五”发展规划》。

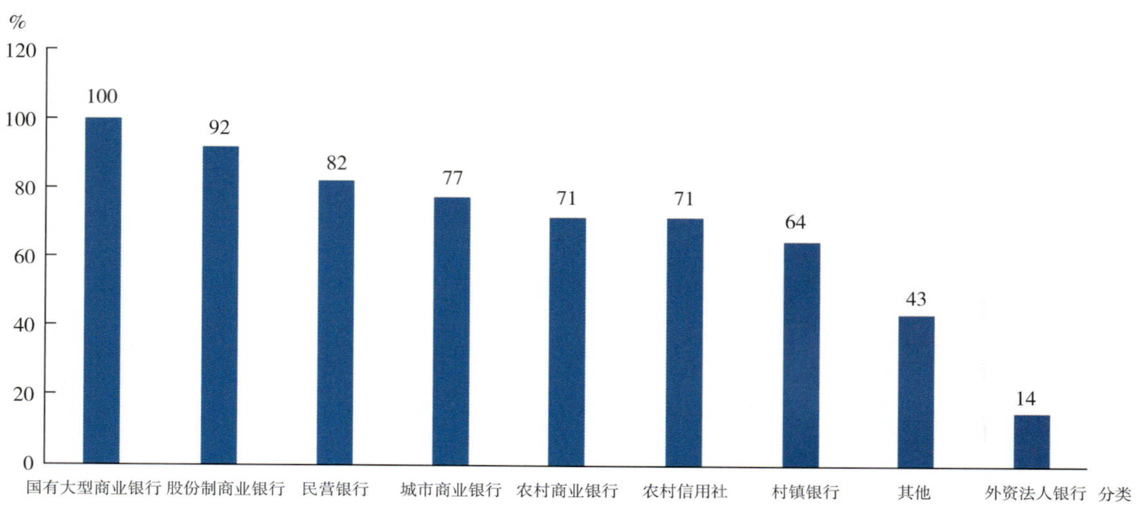

图 1-53 将标准化工作列入机构发展规划的情况

（二）金融机构企业标准建设体系化水平有待提升

评估显示，本次调研的各类金融机构都已自主制定并公开企业标准，国有大型商业银行、股份制商业银行、城市商业银行制定公开企业标准的数量较为领先。除国有大型商业银行外，其他各类金融机构企业标准体系建设水平较低（见图 1-54）。

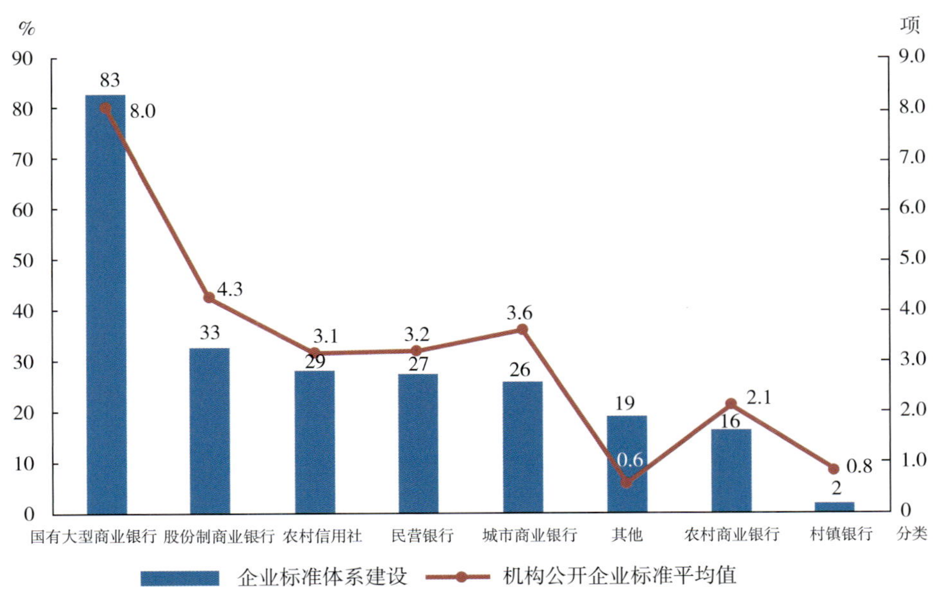

图 1-54　金融机构企业标准建设情况

（三）商业银行积极公开执行标准信息

各类金融机构均已通过官方网站、企业标准信息公共服务平台等渠道公开金融产品或服务所执行的标准信息，有效支持了金融消费者权益保护。随着《中国人民银行金融消费者权益保护实施办法》实施深入推进，商业银行公开披露执行标准信息的情况显著高于证券、保险领域金融机构（见图 1-55）。

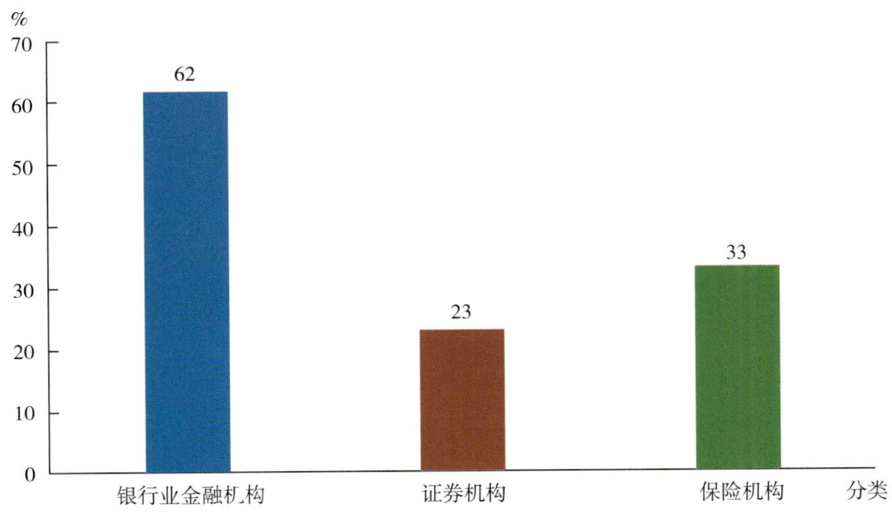

图 1-55　金融机构标准执行信息披露情况

（四）金融机构标准化服务需求更加多元

商业银行和保险机构对于金融标准培训解读、企业标准化人才培养的需求最为迫切，证券机构对于企业标准体系建设的需求最为迫切。同时，随着金融机构对标准化工作的重视程度日益提升，金融标准化服务需求呈现多样化趋势，标准实施评估、标准检测认证、企业标准化良好行为评价等标准化服务的需求均有所增长（见图 1-56）。

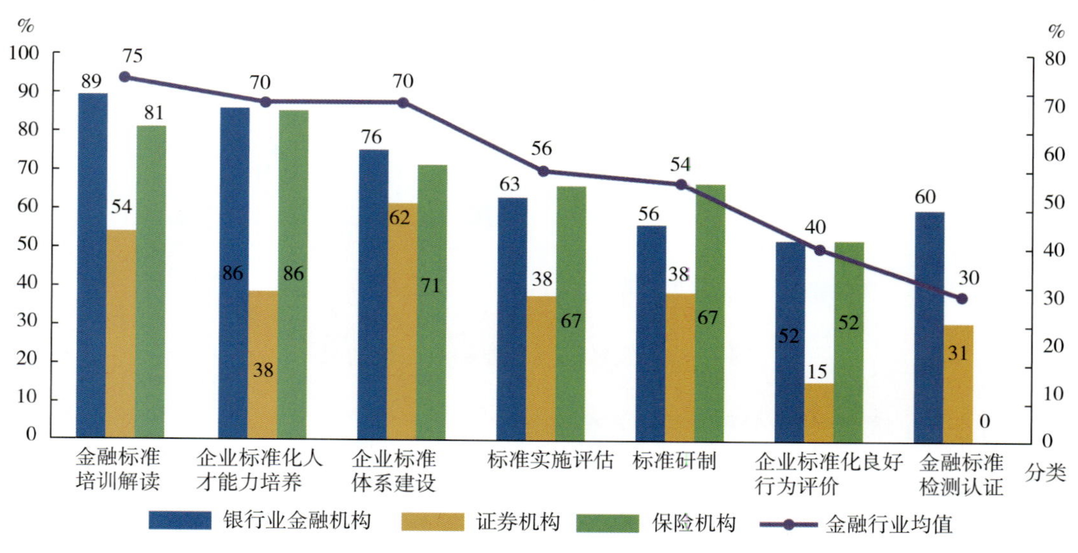

图 1-56　金融机构标准化服务需求情况

第二章
金融标准国际化

- 金融标准国际化跟踪与研究
- 参与国际标准化工作情况
- 金融标准化国际交流

第一节 金融标准国际化跟踪与研究

一、ISO/TC 68 标准化跟踪与研究

截至 2022 年末，ISO/TC 68 共有 36 个正式成员（P-member）和 49 个观察成员（O-member），设有安全、参考数据和信息交换 3 个分委会，33 个工作组，已发布 73 项国际标准，包括安全类标准 17 项、参考数据类标准 21 项、信息交换类标准 35 项。

2022 年，ISO/TC 68 及其分委会发布 8 项国际标准，分别是：ISO 16609:2022《金融服务 采用对称加密技术进行报文鉴别的要求》、ISO 5009:2022《金融服务 官方组织角色 官方组织角色方案》、ISO 9362:2022《银行业 银行电信报文 商业标识代码》、ISO/TR 6083:2022《银行产品服务（BPoS）内部描述手册的最佳实践》、ISO 3531-1:2022《金融服务 金融信息交换会话层 第 1 部分：FIX 标签/取值编码》、ISO 3531-2:2022《金融服务 金融信息交换会话层 第 2 部分：FIX 会话层》、ISO 3531-3:2022《金融服务 金融信息交换会话层 第 3 部分：FIX 会话层测试用例》、ISO/TR 22126-5:2022《金融服务 语义技术 第 5 部分：从 FIX Orchestra 映射到通用模型》。

2022 年，ISO/TC 68 及其分委会提出 15 项新工作项目提案，分别是：ISO/AWI TS 14742《金融服务 密码算法及其使用建议》、ISO/AWI 18960《第三方支付服务提供商的安全控制和实施指南》、ISO/WD TS 9546《第三方支付服务信息系统安全框架指南》、ISO/AWI 18774《证券和相关金融工具 金融工具短名（FISN）》、ISO/AWI 24165-1《数字令牌标识符（DTI）注册、分配和结构 第 1 部分：注册和分配方法》、ISO/AWI 24165-2《数字令牌标识符（DTI）注册、分配和结构 第 2 部分：用于注册的数据要素》、ISO/AWI 24366-2《金融服务 自然人识别码（NPI） 第 2 部分：自然人识别码生命周期运行与管理》、ISO/CD 17442-3《金融服务 全球法人识别编码（LEI） 第 3 部分：vLEI》，以及 ISO/AWI 20022《金融服务 金融业通用报文方案》(共 7 部分)。

2022 年，ISO/TC 68 及其分委会组织开展 29 项国际标准制修订，包括 ISO/DIS 5201

《金融服务　条码支付安全》、ISO/WD TS 9546《第三方支付服务信息系统安全框架指南》、ISO/AWI 18774《证券和相关金融工具　金融工具短名（FISN）》等（见表2-1）。

表2-1　2022年ISO/TC 68金融国际标准制修订统计

标准制修订过程	立项	编制与修订	发布
数量统计	15项	29项	8项

ISO/TC 68各重点领域标准化工作进展如下。

（一）安全领域

2022年，国际标准化组织金融服务技术委员会安全分委会（ISO/TC 68/SC 2）积极推动第三方支付领域标准研制工作，一是网联清算有限公司专家牵头提出的ISO/WD TS 9546《第三方支付服务信息系统安全框架指南》于2022年2月在ISO/TC 68/SC 2成功立项。该标准以实施指南的形式，对第三方支付（TPP）服务的安全框架、设计原则、职责和功能要求进行规范，指导TPP服务提供商及相关从业者在典型业务场景下安全有效地开展TPP服务。二是韩国专家牵头提出的ISO/AWI 18960《第三方支付服务提供商的安全控制和实施指南》于2022年11月在ISO/TC 68/SC 2完成立项。

2022年11月，ISO/TC 68/SC 2召开工作会议，会议一是批准蚂蚁集团专家继续担任客户身份鉴别技术工作组（SC 2/WG 18）和条码支付安全工作组（SC 2/WG 19）的召集人，任期至2025年。二是推进《移动金融服务　客户身份鉴别指南》《金融服务　条码支付安全》《金融服务　密钥管理（零售）》《金融服务　生物识别　安全框架》等13项标准制修订。

（二）参考数据领域

2022年12月，国际标准化组织金融服务技术委员会参考数据分委会（ISO/TC 68/SC 8）成立vLEI工作组（SC 8/WG 11），旨在推动vLEI的标准研制工作，该工作组将负责起草ISO/CD 17442-3《金融服务　全球法人识别编码（LEI）　第3部分：vLEI》。

2022年12月，ISO/TC 68/SC 8正式发布ISO/TR 6083:2022《银行产品服务（BPoS）内部描述手册的最佳实践》，该标准由中国银行业协会专家召集制定。ISO/TR 6083:2022描述了银行内部人员需知晓的BPoS内容，以便为银行客户提供完整、一致和准确的服务，对BPoS涉及的银行内部角色、信息系统、监管法规、内部规制以及填表样本和收集客户意见与建议的方法等，给出了描述的措施。

（三）信息交换领域

2022 年 4 月，国际标准化组织金融服务技术委员会信息交换分委会（ISO/TC 68/SC 9）正式发布 ISO 3531:2022《金融服务　金融信息交换会话层》系列标准。金标委证券分委会积极组织行业专家参与国际标准制定工作，推动《轻量级实时 STEP 消息传输协议》（JR/T 0182—2020）金融行业标准作为 ISO 3531:2022《金融服务　金融信息交换会话层》系列标准的第二部分正式发布。此外，ISO/TC 68/SC 9 继续推进发布由中国外汇交易中心专家召集制定的《金融服务中参考数据分发》技术报告。

（四）ISO 20022 领域

2022 年 3 月，ISO/TC 68/SC 9 成立 ISO 20022 标准修订工作组（SC 9/WG 4），旨在推进 ISO 20022《金融服务　金融业通用报文方案》系列标准修订工作，跨境清算公司专家分别担任工作组召集人和秘书。

2022 年 11 月，ISO 20022 注册管理组（RMG）召开工作会议，会议一是听取沪联金科专家报告中国金融业通用报文库建设情况。报文库支持金融行业数据要素注册，相关代码和用户手册已提交至 GitHub，将持续开展报文模拟工具、报文格式转换工具和报文传输工具的设计和开发。二是讨论跨境清算公司提交的通用签名信息和数字证书报文业务请求说明书，瑞士代表建议由 RMG 建立新的合作机制，支持多方共同开展报文开发、模型设计和报文维护等工作，促进合作各方达成共识。三是听取 VISA 关于解决报文注册流程存在的问题、满足 RMG 成员诉求的建议，VISA 建议重点解决报文注册流程中的短板问题，如支持更快捷的报文维护、提高报文库信息的可获取性、提供 JSON 工具支持等；同时，建议系统梳理报文注册流程问题，更新 2021 年 5 月制定的“问题清单”并采取行动。

二、ISO/TC 322 标准化跟踪与研究

截至 2022 年末，ISO/TC 322 共有 26 个正式成员（P-member）和 18 个观察成员（O-member），设有主席顾问组（CAG）、可持续金融框架工作组（WG 1）等 7 个工作组，已发布 3 项国际标准，在建 1 项国际标准。

（一）加快实现系统化的金融机构环境、社会和治理（ESG）管理

2022 年 10 月，ISO 32210:2022《可持续金融框架　原则和指南》正式发布，该标准

整合现有的可持续金融概念及通用术语，并制定适用的最佳规范和指南，为金融机构在投融资活动中的应用原则、实践行动和相关术语提供规范化和系统化的指导标准，有助于巩固可持续金融活动的可信度、完整性和可扩展性，并引导金融机构更好地将ESG考虑因素纳入投资和财务实践。2022年5月，ISO 32211《可持续金融产品和服务开发和实施指南》国际标准由ISO/TC 322成员全票通过立项，该标准是中方首次提出的可持续金融产品和服务ISO国际标准建议，将进一步为可持续金融产品和服务的实施提供有力支撑。

（二）加快推进绿色金融领域标准研制

2022年8月，ISO 14100:2022《支持绿色金融发展的项目、活动和资产环境准则指南》正式发布。该标准于2018年立项，我国专家担任联合工作组召集人，工作组成员包括来自中国、巴西、法国、美国、奥地利、英国、德国、卢森堡、日本、韩国、马耳他、加拿大、瑞士13个国家的50多名专家。该标准首次对绿色金融相关的关键概念进行了界定，分析了其相互作用的机理，给出了具体的应用示例。标准的发布将有助于解决绿色金融业务实施过程中，投融资双方对项目、资产和活动相关环境准则认识不一致、信息不透明等关键问题，为全球推动绿色金融可持续健康发展、实现气候变化等重要目标提供新的国际标准支撑。

三、参与国际LEI建设情况

2022年，全球LEI体系监管委员会（Regulatory Oversight Committee，ROC）、全球法人识别编码基金会（Global Legal Entity Identifier Foundation，GLEIF）及本地系统（Local Operating Unit，LOU）积极推动全球LEI应用实施，取得一定进展，主要如下。

（一）监管委员会（ROC）

一是持续加强LEI数据建设。2022年，ROC开展数据质量核验研究项目，通过对比全球LEI数据与各国本地使用的机构识别编码数据的一致性，提升LEI数据质量。我国与美国、日本、意大利等国成员共同参与该研究项目，预计2023年初完成项目报告。

二是加快推动国际衍生品编码实施。ROC组织唯一产品识别码（UPI）服务提供机构国际编码机构协会衍生品服务局（ANNA DSB）研究全球UPI应用实施计划，确定UPI服务上线时间为2023年第四季度。据统计，主要经济体UPI实施计划如下：美国预计为

2023 年第四季度，欧盟、日本预计为 2024 年第二季度，英国、印度预计为 2024 年第三季度，我国预计为 2024 年第三季度。

三是推动 LEI 数字身份识别领域应用。 ROC 计划推动 GLEIF 与成员地区监管机构进一步探讨 LEI 在协助企业尽职调查、身份识别等方面可能发挥的作用，并建立将 LEI 纳入支付信息标准的试点项目，拟推动的试点项目包括：客户尽职调查、企业发票对账、企业财务反欺诈监测、交易账户间身份验证以及收款人确认等。

（二）全球法人识别编码基金会（GLEIF）

一是完善 LEI 编码缴费政策。 为加强非金融领域 LEI 推广，GLEIF 在常规的本地系统发码基础上，积极研究验证代理发码、工商批量注册发码等模式，并推动新模式下 LEI 编码降费。最新收费政策如下：一是常规缴费模式。本地系统以有效编码量为基数，每年按照固定单价（11 美元/码）向 GLEIF 缴费。二是验证代理模式。该模式于 2022 年实施，金融机构、数字证书机构等经过 GLEIF 认可，与本地系统合作为自身客户发放 LEI。根据发码规模不同，单个编码缴纳 0.5~5 美元。三是工商批量注册模式。GLEIF 正在与不丹、阿联酋阿布扎比、西班牙等国家和地区工商注册部门合作实施 LEI 工商批量注册试点，研究并探索该模式收费政策的可行性，预计将于 2023 年开始在试点国家通过批量注册模式发码。

二是加快 LEI 与数字技术融合。 2020 年，GLEIF 提出基于分布式计算技术构建 vLEI，旨在解决数字化商业活动中远程身份识别、身份信任等问题。2022 年，GLEIF 启动 vLEI 系统运营，并在 GLEIF 年度报告中首次应用 vLEI，在电动汽车等领域开展应用试点。中金金融认证中心已申请 vLEI 发行人资格，并联合中国银联参与试点，实施 LEI 数字化发展战略，助力我国企业提升全球数字经济认可度和信任度。

三是加大 LEI 应用推广力度。 2022 年，GLEIF 在亚洲地区开展 LEI 重点领域应用推广，组织亚洲范围内 ROC 成员就 LEI 应用召开市场机构研讨会，重点探索在亚洲地区跨境金融、跨境贸易、跨境供应链等场景开展应用试点。中国、中国香港、日本、印度、新加坡等国家和地区参与此次推广工作。2022 年，GLEIF 在新加坡成立办事处，并计划于 2023 年成立中国办事处。

（三）本地系统（LOU）

截至 2022 年末，全球共有 39 个本地系统通过 GLEIF 认可，共发放 229 万余个 LEI，同比增长 12.8%。

截至 2022 年末，LEI 发码量位居全球前列的国家（地区）分别是美国（27.7 万余个）、德国（18.2 万余个）、英国（17.9 万余个）、意大利（16.7 万余个）、西班牙（14.2 万余个）、荷兰（13.6 万余个）、法国（12 万余个）、印度（11 万余个）、中国（10.5 万余个）、丹麦（8.6 万余个）、瑞典（8.1 万余个）。全球主要国家（地区）LEI 持码机构数量分布情况具体见图 2-1。

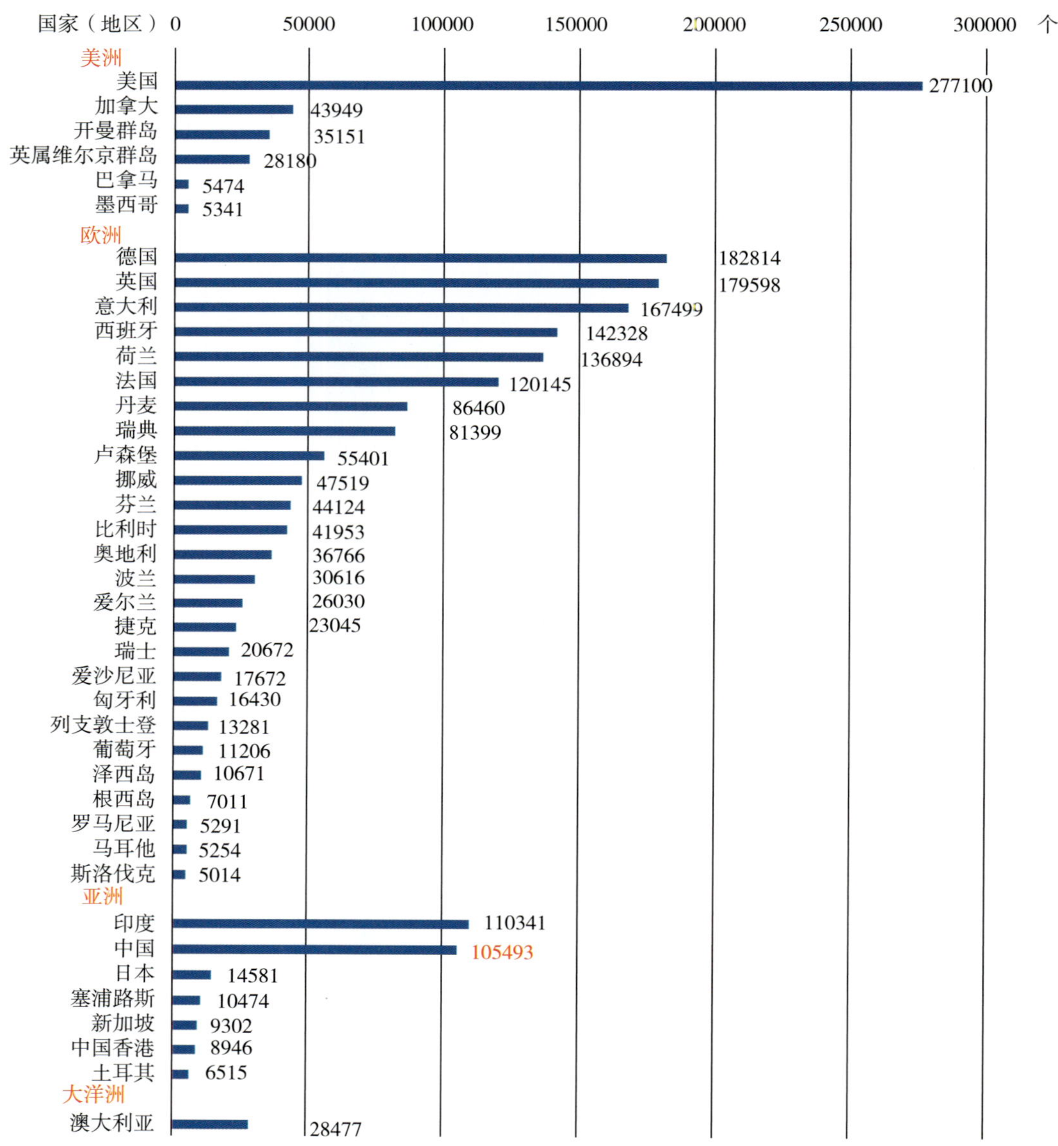

图 2-1 全球主要国家（地区）LEI 持码机构数量分布情况

注：数据来自 GLEIF 官方网站，由于篇幅限制只显示编码超过 5000 的国家和地区。

2022 年第四季度，LEI 发码量超过 8 万个，每周日均发码量见图 2-2，增长主要来自中国、沙特阿拉伯和泰国。

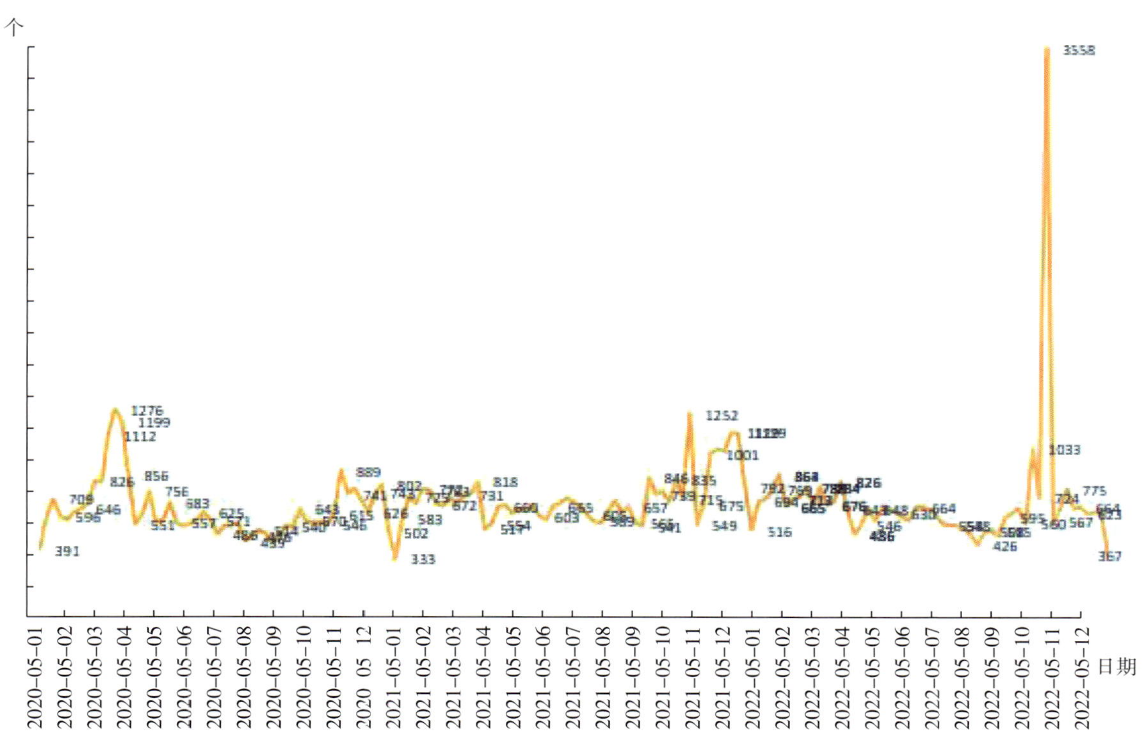

图 2-2　2020—2022 年每周日均发码量

2022 年第四季度，LEI 增长量最多的五个国家（地区）见图 2-3，其中我国 LEI 编码增长率位列全球第一，较排名第二的沙特阿拉伯高 7.1 个百分点。中国本地系统北京国家金融标准化研究院（NIFS）的 LEI 增长率居全球首位。

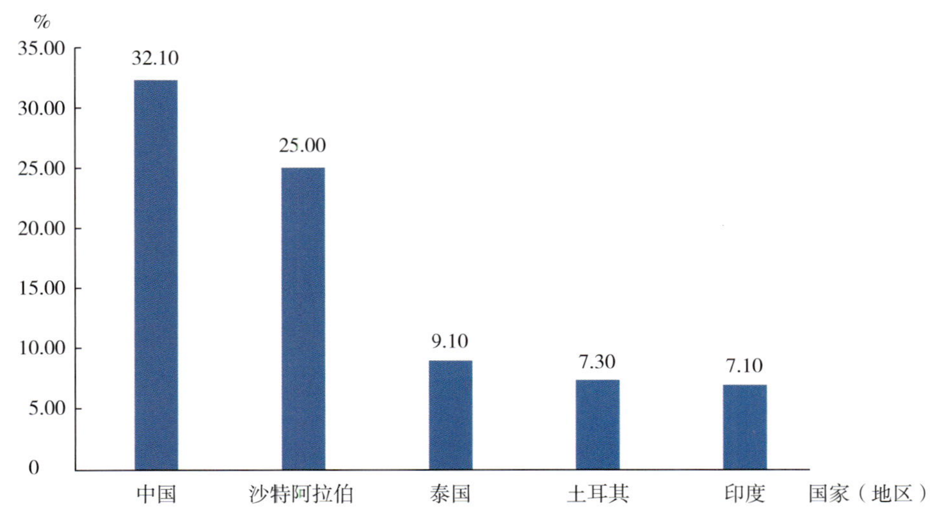

图 2-3　2022 年第四季度 LEI 增长量前五名的国家和地区

年检率方面，2022 年第四季度，全球 LEI 年检率最高的五个国家（地区）见图 2-4，其中日本 LEI 年检率为 91%，居全球首位。

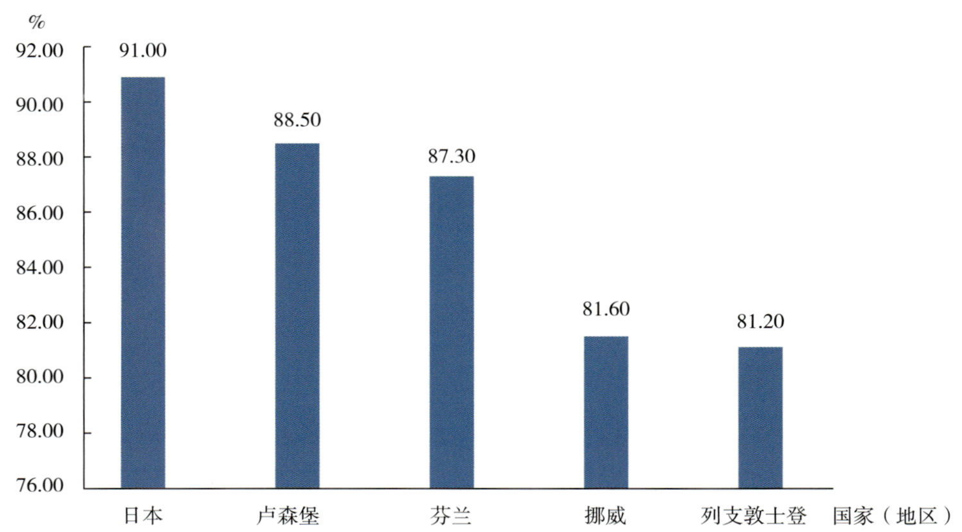

图 2-4 2022 年第四季度 LEI 年检率排名

第二节 参与国际标准化工作情况

一、参与 ISO/TC 68 工作情况

2022 年，金标委持续完善金融国际标准化跟踪研究对口机制，组织国内相关机构积极参与国际标准制修订，不断提升金融国际标准化参与度，强化金融国际标准化人才队伍建设。截至 2022 年末，共推荐我国专家 141 人次加入 ISO 5009 标准维护机构、ISO 20022 标准修订工作组、vLEI 工作组等 37 个 ISO 工作组。

表 2-2　ISO/TC 68 及其分委会组织架构及我国专家参与情况

<table>
<tr><td rowspan="7">ISO/TC 68 金融服务技术委员会</td><td colspan="2">TAG 1-金融科技技术咨询组（人民银行科技司、外汇交易中心、数字货币研究所、互联网金融协会、跨境清算公司、重庆国金认证中心）</td></tr>
<tr><td colspan="2">AG 2-标准咨询组</td></tr>
<tr><td colspan="2">AG 3-最佳实践咨询组（人民银行原重庆营管部、外汇交易中心、跨境清算公司、中国银行业协会、北京国家金融标准化研究院）</td></tr>
<tr><td colspan="2">AG 4-可持续金融咨询组（建设银行、北京国金认证中心）</td></tr>
<tr><td colspan="2">AG 5-数字货币咨询组（人民银行清算总中心、印制公司、数字货币研究所、蚂蚁集团）</td></tr>
<tr><td colspan="2">CAG-战略领导小组</td></tr>
<tr><td colspan="2">SG 4-外联宣传组</td></tr>
<tr><td rowspan="15">ISO/TC 68 分委会</td><td rowspan="8">ISO 20022 注册管理组（RMG）（跨境清算公司，成方金科上海分公司）</td><td>ISO 20022 贸易服务类标准评估组</td></tr>
<tr><td>ISO 20022 业务模型支持组（跨境清算公司、成方金科上海分公司）</td></tr>
<tr><td>ISO 20022 外汇业务标准评估组（外汇交易中心、跨境清算公司）</td></tr>
<tr><td>ISO 20022 卡及相关零售金融服务类标准评估组（工商银行）</td></tr>
<tr><td>ISO 20022 金融衍生品子标准评估组（外汇交易中心、工商银行、农业银行）</td></tr>
<tr><td>ISO 20022 支付类标准评估组（农信银资金清算中心、北京国家金融标准化研究院）</td></tr>
<tr><td>ISO 20022 实时支付工作组（人民银行支付司、清算总中心、跨境清算公司、成方金科公司）</td></tr>
<tr><td>ISO 20022 技术支持组（外汇交易中心、成方金科上海分公司）</td></tr>
<tr><td rowspan="7">SC 2 安全分委会</td><td>WG 8-金融服务业公钥基础设施管理工作组（人民银行数字货币研究所、建设银行、交通银行、中金金融认证中心）</td></tr>
<tr><td>WG 11-银行业务中的加密算法工作组（人民银行原太原中心支行、交通银行、北京国家金融标准化研究院、中金金融认证中心）</td></tr>
<tr><td>WG 13-零售银行业务中的安全工作组（中国银联、工商银行、交通银行、北京国家金融标准化研究院、中金金融认证中心）</td></tr>
<tr><td>WG 16-第三方服务供应商的相关安全工作组（网联清算有限公司、中国银行业协会、腾讯集团、蚂蚁集团）</td></tr>
<tr><td>WG 17-数字货币的安全方面工作组（人民银行货币金银局、印制公司、数字货币研究所、北京国金认证中心）</td></tr>
<tr><td>WG 18-客户身份鉴别技术工作组（人民银行清算总中心、中国银联、网联清算有限公司、北京国家金融标准化研究院、中金金融认证中心、腾讯集团、蚂蚁集团）</td></tr>
<tr><td>WG 19-条码支付安全工作组（人民银行清算总中心、中国银联、支付清算协会、网联清算有限公司、交通银行、北京国家金融标准化研究院、腾讯集团、蚂蚁集团）</td></tr>
</table>

续表

ISO/TC 68分委会	SC 8参考数据分委会	CAG-主席顾问组
		MA（Voting Members）-ISO 20275标准维护机构（农业银行）
		MA 1（Voting Members）-ISO 4217标准维护机构（外汇交易中心）
		MA 2（Discussions）-ISO 4217标准维护机构（外汇交易中心）
		MA 3（Discussions）-ISO 20275标准维护机构（农业银行）
		MA 4（Voting Members）-ISO 10962标准维护机构（中国期货市场监控中心）
		MA 5（Discussions）-ISO 10962标准维护机构（中国期货市场监控中心）
		MA 6（Voting Members）-ISO 5009标准维护机构（中金金融认证中心）
		MA 7（Discussions）-ISO 5009标准维护机构（中金金融认证中心）
		SG 5-数字钱包识别研究组（人民银行数字货币研究所、中国银联、网联清算有限公司、蚂蚁集团）
		WG 3-数字令牌标识符工作组（人民银行原太原中心支行、印制公司、农业银行）
		WG 7-自然人识别编码工作组（人民银行数字货币研究所、中国银行业协会、农业银行、北京国家金融标准化研究院）
		WG 10-FISN标准修订组（中证信息技术服务有限责任公司）
		WG 11-vLEI工作组（人民银行科技司、中国银联、北京国家金融标准化研究院、中金金融认证中心、睿格钛氪（北京）技术有限公司）
	SC 9信息交换分委会	AG 1-ISO 20022注册机构（RA）监管组（跨境清算公司、成方金科上海分公司）
		TG 1-卡标准技术组（人民银行科技司、中国银联、北京国家金融标准化研究院）
		WG 1-ISO 20022语义模型工作组（人民银行原重庆营管部、清算总中心、成方金科上海分公司）
		WG 3-ISO 8583与ISO 18245标准修订工作组（中国银联、网联清算有限公司、成方金科上海分公司、工商银行、农业银行、蚂蚁集团）
		WG 4-ISO 20022标准修订工作组（人民银行原重庆营管部、清算总中心、跨境清算公司、网联清算有限公司、成方金科上海分公司、北京国家金融标准化研究院）

金标委积极组织国内相关单位参与国际标准工作组并取得较好成效，主要情况如下。

（一）ISO 20022注册管理组（ISO 20022 RMG）

ISO 20022注册管理组代表ISO 20022用户群体，主要目标是通过支持金融服务从业者的参与，推动金融服务信息交换领域业务模型的注册和维护，以确保ISO 20022标准从用户角度出发的有效性。

2022 年，我国专家积极推动中国金融业通用报文库工具及相关应用实践的分享，并密切跟踪 RMG 的研究和治理进展。在 RMG 年会中，我国专家介绍了使用中国金融业通用报文库工具集和标准收发器推广标准的应用实践，分享了开放源代码的 Github 链接，呼吁 ISO 20022 网站提供软件清单和链接。该倡议得到了包括 RMG 主席在内专家的广泛支持。在我国的倡导下，RMG 正在推进用户社区内分享开源软件工具和应用实践。这项工作有助于我国金融报文及跨境支付领域标准实践的宣传与推广。

我国专家密切关注和积极参与 RMG 各事项讨论，包括：从支持标准评估组（SEG）的能力建设和为标准申请者提供更好的服务两方面入手提升 RMG 的职能和角色；通过支持更快捷的报文维护、提高报文库信息的可获取性、提供 JSON 工具支持等方式优化报文注册流程；通过优化 API 资源注册网站、为申请机构提供支持、建立 API 工作组专门负责 API 申请评审等措施完善 API 资源注册程序；技术支持工作组（TSG）关于可选 ISO 20022 报文标准信封研究等。

（二）ISO 20022 外汇标准评估组（ISO 20022 FX SEG）

ISO 20022 外汇标准评估组由 ISO 20022 报文终端用户代表组成，主要目标是对候选 ISO 20022 报文进行业务驱动验证。

跨境清算公司专家担任评估组召集人，实质性参与了国际标准工作组的治理工作。2022 年，共组织召开三次外汇领域变更请求评审会议，包括对中国外汇交易中心提交的“外汇交易获取”“外汇交易获取报告确认”“外汇交易确认请求”“外汇交易确认状态通知”4 条报文变更请求进行评审、对 CLS 公司提交的“外汇交易通知”“外汇交易变更”“外汇交易取消”“外汇交易状态和细节通知”等 10 条报文变更请求进行评审等。

（三）最佳实践咨询组（ISO/TC 68/AG 3）

2022 年，ISO/TC 68/AG 3 完成带有术语表的《标准最佳实践指南》；编制对 ISO/TC 68 注册机构（RA）的管理补充建议；根据 ISO/TC 68 主席的要求，对如何管理在金融标准化中涉及的代码集展开讨论。中国银行业协会专家积极参与咨询组会议，持续跟进并推动相关材料的编制工作。

（四）数字货币咨询组（ISO/TC 68/AG 5）

ISO/TC 68/AG 5 负责撰写央行数字货币和非法定数字货币的研究报告，人民银行清算总中心、印制公司、数字货币研究所等专家积极参与工作会议，持续参与或跟踪报告编写工作。2022 年 11 月，ISO/TC 68 工作会议听取并讨论了《央行数字货币和非法定数字货币》研究报告，要求 ISO/TC 68 领导层加强与 JTC1/SC 27（信息安全、网络安全和隐私保护分技术委员会）和 ISO/TC 307（区块链和分布式记账分技术委员会）协调合作，在 2023 年 ISO/TC 68 会议前形成数字货币战略规划。

（五）金融服务业公钥基础设施管理工作组（ISO/TC 68/SC 2/WG 8）

SC 2/WG 8 负责编制《金融服务区块链和分布式记账技术实施中 PKI 安全信息》，该标准于 2019 年 11 月 1 日立项，即将于 2023 年发布。中金金融认证中心专家积极参与工作组会议，持续跟踪并推动相关标准编制。

（六）零售银行业务中的安全工作组（ISO/TC 68/SC 2/WG 13）

SC 2/WG 13 负责制修订《金融服务　安全加密设备（零售）》《金融服务　个人识别码管理与安全》等 7 项标准，中国银联、中金金融认证中心等专家积极参与工作组会议，持续参与或跟踪 SC 2/WG 13 标准编制，推进 SM3、SM4 算法纳入 ISO 16609:2022《金融服务　采用对称加密技术进行报文鉴别的要求》。

（七）第三方支付服务供应商的相关安全工作组（ISO/TC 68/SC 2/WG 16）

SC 2/WG 16 负责编制《第三方支付服务信息系统安全框架指南》，该标准由网联清算有限公司专家担任项目负责人并主笔，中国银行业协会、蚂蚁集团、腾讯集团等专家支持。我国专家积极组织并参与工作组会议，牵头各国专家讨论并形成了《第三方支付服务信息系统安全框架指南》工作组草案。2022 年 11 月，ISO/TC 68/SC 2 工作会议决议推进该标准进入征求意见阶段。

（八）数字货币的安全方面工作组（ISO/TC 68/SC 2/WG 17）

SC 2/WG 17 负责编制《数字货币的安全方面》，印制公司、人民银行数字货币研究所等专家积极参与工作组会议，沟通讨论和投票反馈对标准文本的意见，持续跟踪标准的编制和修改工作。

（九）客户身份鉴别技术工作组（ISO/TC 68/SC 2/WG 18）

SC 2/WG 18 负责编制《移动金融服务　客户身份鉴别指南》，该标准由蚂蚁集团专家担任标准工作组召集人、项目负责人并主笔，网联清算有限公司、北京国家金融标准化研究院、中国银联、中金金融认证中心、人民银行清算总中心等专家支持。2022 年 11 月，ISO/TC 68/SC 2 工作会议听取蚂蚁集团代表关于标准编制进展及工作计划的报告，决议继续推进标准编制工作。

（十）条码支付安全工作组（ISO/TC 68/SC 2/WG 19）

SC 2/WG 19 负责编制《金融服务　条码支付安全》，该标准由蚂蚁集团专家担任标准工作组召集人、项目负责人并主笔；网联清算有限公司专家担任工作组秘书，协助召集人组织管理会议、编制标准。2022 年 11 月，ISO/TC 68/SC 2 工作会议听取蚂蚁集团代表关于标准编制进展及工作计划的报告，决议继续推进标准编制。

（十一）数字钱包识别研究组（ISO/TC 68/SC 8/SG 5）

SC 8/SG 5 负责探索数字钱包统一识别号的标准制订需求，形成了关于数字钱包识别研究文档，对钱包、账户、地址三者的定义和关系进行梳理。工作组分析认为，从数字钱包的使用场景上考虑，一个可能有标准需求的领域是针对基于区块链的用户端侧地址制定统一的地址识别标准，以提升用户钱包的使用体验，而不是在钱包本身的识别上。鉴于数字资产的成熟度，及其各异的技术实现形式和用途，SC 8/SG 5 认为，当前不适合围绕这些地址的定义尝试建立 ISO 工作组以制定相应标准。人民银行数字货币研究所、中国银联、网联清算有限公司、蚂蚁集团等专家全程参与工作会议，跟进工作组讨论，发挥建设性作用。

（十二）银行产品服务描述标准工作组（ISO/TC 68/SC 8/WG 2）

SC 8/WG 2 负责编制 ISO/TR 6083:2022《银行产品服务（BPoS）内部描述手册的最佳实践》，该标准由中国银行业协会专家担任标准工作组召集人、项目负责人并主笔，中国农业银行、中国工商银行等专家支持。2022 年 11 月，ISO/TC 68/SC 8 工作会议听取中国银行业协会专家报告 SC 8/WG 2 工作组进展，会议决议继续推进发布《银行产品服务（BPoS）内部描述手册的最佳实践》。由于已完成既定任务，后续该工作组将解散。

（十三）数字令牌标识符工作组（ISO/TC 68/SC 8/WG 3）

SC 8/WG 3 负责修订《数字令牌标识符（DTI）注册、分配和结构　第 1 部分：注册和分配方法》《数字令牌标识符（DTI）注册、分配和结构　第 2 部分：用于注册的数据要素》2 项标准，印制公司专家参与工作组会议，跟踪数字令牌标识符标准的修订进展。

（十四）自然人识别码工作组（ISO/TC 68/SC 8/WG 7）

SC 8/WG 7 负责编制《金融服务　自然人识别码（NPI）　第 2 部分：自然人识别码生命周期运行与管理》，计划在 2023 年第一季度启动工作草案投票。中国银行业协会、中国农业银行、北京国家金融标准化研究院等专家积极参与 SC 8/WG 7 工作会议并对标准文本持续研提意见。

（十五）ISO 5009 标准维护机构（ISO/TC 68/SC 8/MA 6）

SC 8/MA 6 负责编制官方组织角色（OOR）编码列表，中金金融认证中心专家积极参与工作会议，根据 ISO 5009—2022《金融服务　官方组织角色　官方组织角色方案》标准内容，梳理并反馈关于中国 OOR 编码列表的数据记录。

（十六）卡标准技术咨询组（ISO/TC 68/SC 9/TG 1）

SC 9/TG1 负责制定卡支付交换标准，中国银联专家积极跟踪 ISO 20022 卡支付标准的交换标准部分（受理机构到发卡机构间）的工作。目前工作组完成卡支付交换标准 V3 发布版制定，并完成“卡支付交换报文用户使用指引”V3 版制定。

（十七）ISO 8583 与 ISO 18245 标准修订工作组（ISO/TC 68/SC 9/WG 3）

SC 9/WG 3 负责修订《金融交易卡产生的报文　报文交换规范》《金融零售业务　商户类别码》2 项标准，预计将于 2023 年发布，中国银联、成方金科上海分公司专家持续跟踪标准修订进展。

（十八）ISO 20022 标准修订工作组（ISO/TC 68/SC 9/WG 4）

SC 9/WG 4 负责根据 ISO 20022 复审意见评估组（ISO/TC 68/SC 9/SG 1）提出的相关意见对 ISO 20022 标准文本进行修订，以反映该标准 2013 年版本发布以来用户社区的新需求。我国跨境清算公司专家分别担任工作组召集人和秘书，于 2022 年 8 月起牵头各国专家开展标准审核工作，组织召开双周讨论会议。截至 2022 年末，已完成了语义模型、治理、版本控制、多语言支持、逆向工程等主题的讨论，明确标准修订的方向，并根据工作组成员意向组建了标准编制小组。

二、参与 ISO/TC 322 工作情况

作为 ISO/TC 322 参与成员，我国深度参与可持续金融国际标准治理，派出专家参与多项国际标准制定，贡献中国智慧和中国力量。我国专家担任主席顾问组（CAG）副主席和联合秘书、术语工作组（WG 2）召集人、绿色金融联合工作组（TC 207/TC 322/JWG 1）召集人等重要职务，参与可持续金融框架工作组（WG 1）、可持续金融科技技术咨询组（TAG 1）等，为 ISO 可持续金融标准作出积极贡献。

2022 年 8 月，我国专家牵头的 ISO 14100:2022《支持绿色金融发展的项目、活动和资产环境准则指南》正式发布，明确了识别和评估项目、资产和活动环境因素及环境影响、环境绩效的准则，并提供了将相关环境准则应用于项目、资产和活动时，开展环境风险和机遇评估的指南。10 月，我国专家参与的 ISO 32210:2022《可持续金融框架　原则和指南》正式发布，为金融机构提供了标准化的监管和评估方法，有效衡量可持续金融活动、金融机构和市场的 ESG 表现，从而提升可持续金融资金流动的透明度。

在研标准方面，2022 年 5 月，我国专家主导的 ISO 32211《可持续金融产品和服务开发和实施指南》国际标准召开工作组预备会议，对标准范围和框架进行了深入讨论。该标准将对可持续金融产品和服务的整体设计开发和应用提供原则和一般要求，适用于将可持续相关考虑融入各类金融产品和服务以及开展相关评估。《可持续金融产品和服务开发和实施指南》是中方首次提出的可持续金融产品和服务 ISO 国际标准建议，并于 2022 年 5 月由 ISO/TC 322 成员全票通过立项。该标准的制定将有助于建立全面、统一的可持续金融产品和服务准则，规范可持续金融产品创新开发，提升可持续金融服务能力。

此外，为更好统筹国内外绿色可持续金融标准化工作，构建国内统一、国际接轨的标准体系，国内有关政产学研机构已共同派出专家组建 TC 322 国内对口工作组，建立 ISO 可持续金融国际标准化协调推进工作机制，为持续深入参与相关国际标准制定提供专家支持与人才保障。

三、我国 LEI 应用实施情况

2022 年，人民银行、原银保监会、证监会、国家外汇管理局联合印发的《全球法人识别编码应用实施路线图（2020—2022 年）》（以下简称《路线图》）主要任务基本完成，积极参与国际 LEI 治理和建设，大力提升本地系统的运营水平。

（一）《路线图》主要任务基本完成

赋码方面，我国境内 LEI 持码机构超 10.5 万家，完成既定目标。银行、证券、保险、非银行支付机构、小额贷款公司等金融机构法人全部覆盖，人民银行管理的基础设施、行业协会的会员机构和接入机构全部覆盖，原银保监会和证监会管理的基础设施、行业协会的会员机构和接入机构持码率达到 50%。

应用规则方面，截至 2022 年末，全球共出台 290 余项 LEI 公开应用规则，其中中国

13 项，占比为 4.5%。我国金融领域相关规则涉及跨境支付、债券市场准入备案、信用评级、金融机构环境信息披露、证券市场资信评级、证券开户、境外投资者准入等领域，有力地促进了 LEI 应用实施。

技术应用方面，建立了 LEI 预发码机制，提高发码服务效率；完成 LEI 本地系统与中国外汇交易中心、上海清算所、中国期货市场监控中心、中国工商银行、中国建设银行等 15 家金融基础设施和商业银行信息系统对接，为有关单位提供更加便捷的编码批量查询、数据质量校验等服务；建立 LEI 与金融机构编码、统一社会信用代码、征信系统“中征码”对照关系，与反洗钱系统、清算系统代码的映射有序推进，提升 LEI 与国内现有编码的兼容性。

（二）积极参与国际 LEI 建设

1. 深入参与全球 LEI 体系治理

2022 年 2 月起，人民银行科技司担任全球 LEI 体系监管委员会副主席单位，并承担临时联合秘书处工作职责，积极联合 GLEIF 推动亚洲地区 LEI 实施，促进中国内地与中国香港、中国与新加坡之间在跨境场景下开展应用合作，相关工作定期向全球 LEI 体系全体会议报告，受到各方好评和认可。

2. LEI 业务策略制定与实施

积极参与 GLEIF 各项工作，跟进全球 LEI 体系战略研究，结合我国 LEI 发展情况及目标，与 GLEIF 定期组织亚洲 LEI 推广应用研讨会议，共同探索亚洲地区 LEI 推广路径，孵化催化与亚洲其他区域的交流与合作。鼓励我国机构深度参与 LEI 相关业务策略实施，跨境清算公司作为 GLEIF 董事单位参与业务决策，北京国家金融标准化研究院作为本地系统参与 LEI 业务开展，中金金融认证中心作为 GLEIF CA 群组成员和 GLEIF 全球验证代理参与 LEI 业务应用。

3. LEI 赋码方式创新

积极推动中国香港地区 LEI 赋码合作，北京国家金融标准化研究院、中金金融认证中心与中国香港 CA 运营商建立代理赋码合作，建设代理发码渠道及基础设施，支撑中国香港地区的 LEI 赋码和应用。

4. LEI 数字化应用创新

鼓励我国金融电子认证企业积极创新 LEI 数字化应用，探索数字经济时代 LEI 在跨境法人数字身份识别中的应用价值。LEI 结合数字证书的相关产品和服务已在跨境人民币领域和金融数据交换标准应用中发挥重要价值。鼓励我国相关机构积极研究并参与 vLEI 生态，与 GLEIF 研讨 vLEI 在我国的试点计划。中金金融认证中心与中国香港 CA 运营商合作开展基于 LEI 数字证书的跨境电子签约平台服务；与 GLEIF 签署 vLEI 意向协议并提交了 vLEI 发行方 QVI 资质申请，联合中国银联制定了数字银行卡 vLEI 试点方案。

5. LEI 应用场景建设

根据 LEI 应用实施路线图，持续挖掘 LEI 的应用价值。继续推动在跨境支付的信息传输场景、数字签名场景应用 LEI。与中国香港、新加坡监管机构及市场参与者召开 LEI 跨境应用合作远程研讨会议，探索 LEI 在跨境金融、跨境贸易、跨境供应链等领域的应用优势。中金金融认证中心与新加坡有关机构在跨境贸易数字化、LEI 数字证书等领域开展合作沟通。

（三）大力提升本地系统能力建设

1. LEI 赋码及服务

我国 LEI 本地系统与各金融基础设施、行业协会及人民银行分支机构等合作开展 LEI 赋码。截至 2022 年末，中国境内 LEI 持码机构达到 105493 家，较 2021 年增长 48.6%，增速全球第一，全球占比由 3.5%增长至 4.6%。

2. LEI 运营支持

为夯实我国 LEI 运营管理基础，我国 LEI 本地系统不断优化运营模式。一是优化赋码制度。结合实际业务情况，进一步梳理完善 LEI 注册及验证代理机构相关流程，规范赋码业务流程，提高中国本地系统管理水平，保障 LEI 验证代理管理工作合规、有序、高效开展。二是保障数据质量。完成我国 LEI 本地系统升级 11 次，完善系统功能，解决 12 类历史遗留数据质量问题，提高编码发放质量，保持数据质量指标 99.9%以上。三是启动新一代 LEI 系统建设。为解决老旧系统业务处理效率低，操作流程复杂等问题，开展新一代 LEI 本地系统需求分析与系统设计，推动 LEI 业务提质增效。四是开展 LEI 持码用户应用情况调研。通过问卷调研、电话调研、线上研讨会等方式，累计调研了 3 万余家企业。企业反映，LEI 在跨境贸易、跨境金融业务等方面有国际监管要求，有利于促进 LEI 工作开展及服务质量提升。五是完成 GLEIF 年度认可。顺利完成 2021 年国际认证工作，开展 2022 年国际认证工作。

3. LEI 应用推广

我国 LEI 本地系统与相关单位通力合作，支持 LEI 在跨境支付、跨境证券交易、数字证书等领域应用，2022 年 LEI 应用推广成果显著。一是为进一步拓展 LEI 应用场景，加强持码机构间的沟通交流，2022 年 11 月 25 日，北京国家金融标准化研究院组织召开 2022 年度 LEI 应用推广研讨会，约 200 家机构受邀参加，包括金融基础设施、金融机构、金融科技公司等。会议对于推动 LEI 在我国的应用发展，进一步挖掘 LEI 在跨境支付、跨境身份识别等领域应用，充分发挥 LEI 在防范金融风险、便利身份识别等方面的作用具有重要意义。二是支持我国交易报告库建设及 LEI 在跨境证券交易中的应用，联合中证机构间报价系统股份有限公司，完成 3200 余家跨境交易机构赋码。三是支持跨境人民币标准收发器应用推广，联合跨境清算公司，实现境内标准收发器用户 LEI 全覆盖。四是支持银行业客户身份识别，实现我国 LEI 本地系统与交通银行接口对接，为银行业客户赋码 10000 余个。五是积极维护和运营“中国 LEI 本地系统”微信公众号，每日发布有关 LEI 的国际动态。截至 2022 年末，“中国 LEI 本地系统”微信公众号共发布文章 536 篇，关注人数达 9765 人，较 2021 年末增长 5.6%。六是探索以 LEI、NPI、UPI、唯一交易识别码（UTI）、关键数据要素（CDE）等国际金融编码为基础的数字金融标准体系在中国的应用发展。组织汇编全球 LEI 应用规则 210 余项。组织编译并发布国际动态 580 余篇。

4. LEI 可持续运营

我国 LEI 本地系统围绕市场化、可持续运营推广 LEI，推动形成由市场化收入支撑 LEI 本地系统长期可持续运营模式。一是为实现 2023 年及以后我国 LEI 本地系统可持续运营，参照国际惯例，按照成本覆盖原则，北京国家金融标准化研究院设计形成本地系统可持续运营机制。二是 2022 年 6 月，成功发展中金金融认证中心成为我国 LEI 本地系统首家验证代理。三是从 2022 年 9 月开始，在人民银行分支机构的大力支持下，北京国家金融标准化研究院在上海、广州、深圳等地分别召开了 LEI 验证代理研讨会，积极拓展长三角区域及粤港澳大湾区 LEI 验证代理。

第三节　金融标准化国际交流

一、ISO/TC 68 会议参与情况

2022 年 11 月 7 日至 11 日，ISO/TC 68 在挪威奥斯陆召开 2022 年工作会议。来自 30 个国家的成员和观察员，以及欧洲中央银行、环球银行金融电信协会（SWIFT）、全球法人识别编码基金会、亚洲金融合作协会等 12 个机构的联络员参会，人民银行科技司、跨境清算公司、网联清算有限公司、成方金科上海分公司、中国银行业协会、工商银行、北京国家金融标准化研究院、中金金融认证中心、蚂蚁集团、金标委证券分委会等单位专家远程参加会议。在会议上通报我国专家担任召集人的标准项目制定进展及后续计划，跟进重点国际标准工作进展。

在本次会议上，重点讨论了由我国专家担任召集人牵头制定的 4 项标准，其中《银行产品服务（BPoS）内部描述手册的最佳实践》已于 2022 年 12 月发布，《金融服务中参考数据分发》《移动金融服务　客户身份鉴别指南》将于 2023 年 1 月发布，《金融服务　条码支付安全》正在编制；主笔制定 1 项，《第三方支付服务信息系统安全框架指南》正在编制；牵头提案 2 项，《金融服务　人工智能　可信框架》《债券价格指标产品描述规范》正在推进立项。

根据会议情况，进一步明确我国参与 ISO/TC 68 工作的重点方向：

（一）聚焦数字资产领域，加强国际标准前瞻性研究

近年来，数字资产、央行数字货币、金融科技等热点领域国际标准竞争愈加激烈。后续，将积极稳妥应对热点领域竞争，加强与主要国家标准化机构、区域性标准化组织沟通交流，进一步扩大金融国际标准化“朋友圈”，加快培养金融标准国际化高层次复合型人才，提升在金融国际标准化活动中的影响力。

（二）深耕信息交换领域，加快中国金融业通用报文库建设

中国金融业通用报文库报文开发工具的开源特点引起与会国际专家浓厚兴趣，后续将继续推动相关单位扎实推进报文库开发和应用。完善报文开发工具，做好报文开发工

具与国际标准的兼容及国际推广；提升技术服务能力，聚焦国内金融基础设施及会员单位需求，将报文库技术服务能力落实到报文仿真与接口联测中；支持相关单位围绕我国通用签名信息和数字证书报文业务请求说明书研究提出解决方案。

（三）巩固我国优势领域，进一步提升国际标准化贡献度

围绕数字货币、金融科技、智慧金融、移动支付等领域，积极组织有关单位根据国际发展趋势和需求，结合我国良好实践，采取“国家标准化+国际标准化”协同发展路径，加大优秀国家标准向国际标准转化力度，积极共享我国金融标准化最佳实践，为推进金融标准制度型开放作出积极贡献。

二、ISO/TC 322 会议参与情况

2022 年 5 月 16 日至 20 日，ISO/TC 322 第五次全体会议在葡萄牙里斯本召开。来自中国、葡萄牙、英国、瑞士、法国、丹麦、印度、日本等 19 个国家和联络组织的 40 余名代表参加了会议，清华大学、中国标准化研究院、北京绿色金融与可持续发展研究院等单位专家参会。

在本次会议上，全体代表听取了会议主席、TC 秘书处、中央秘书处（ISO/CS）、主席顾问组和部分工作组及专家组的进展报告，讨论了 TC 部分正在制订的标准进展和新标准提案项目建议，以及技术委员会工作计划，并形成了相关决议。我国专家作为 ISO/TC 322 主席顾问组副主席，通过预录视频为全会开幕式致辞；出席全会开幕式的圆桌分享会议并介绍已发布的 ISO/TR 32220:2021《可持续金融　基本概念和关键倡议》国际标准和对未来工作的预期；同时就负责的 ISO 32211《可持续金融产品和服务开发和实施指南》国际标准召开预工作组会议，对标准范围和框架进行了深入讨论。

会议期间，术语工作组（WG 2）也召开了工作组会议。WG 2 中方召集人结合全球趋势和 ISO 总体的 ESG 战略明确了工作组任务，并邀请来自日本、中国、瑞士和英国的专家成员分别介绍了能源韧性、金融产品、金融科技与风险管理、认证和报告四个重点议题。工作组会议后，WG 2 在全会上向 ISO/TC 322 正式提出了注册 ISO/PWI 32219 预工作项目的建议，ISO 32219 将致力于开发一个提高可持续金融要素和结果定义一致性的术语标准。WG 2 还将和其他工作组合作支持更新已发布的 ISO/TR 32220 标准文件。

三、“一带一路”交流合作情况

为共建“一带一路”金融标准化合作网络，推动我国与“一带一路”共建国家和主要贸易伙伴国家的金融标准互认，国内相关机构积极采取措施，利用地缘优势，不断拓展新兴领域金融标准国际合作，加强政策、规则、标准联通，共同推进“一带一路”共建国家金融领域标准化建设，取得积极进展和成效。

（一）积极开展金融标准外文版编制

2022 年，金标委组织开展《银行营业网点服务基本要求》（GB/T 32320—2015）金融国家标准葡萄牙语版、柬埔寨语版、越南语版和《银行营业网点服务评价准则》（GB/T 32318—2015）金融国家标准葡萄牙语版的立项准备工作。2022 年 12 月 28 日，上述 4 项金融国家标准外文版正式下达立项，金标委组织相关单位积极开展标准翻译工作。

（二）积极支持区域金融标准制定

2022 年 12 月 26 日，亚洲金融合作协会金融科技合作委员会发布《个人金融信息保护指南》（AFCA - FTCC std 0003 - 2022）。该标准以《个人金融信息保护技术规范》（JR/T 0171—2020）金融行业标准为基础，助力加强个人金融信息安全管理，指引相关机构规范使用个人金融信息，最大限度保障个人金融信息主体合法权益。日本、新加坡、马来西亚、印度、英国专家积极贡献经验智慧，进一步深化“一带一路”共建国家标准化交流合作。

（三）持续开展金融标准化沟通交流

人民银行原广州分行以广发银行澳门分行为桥梁，积极向“一带一路”共建国家开展金融标准宣传，推动《银行营业网点服务基本要求》（GB/T 32320—2015）和《银行营业网点服务评价准则》（GB/T 32318—2015）葡萄牙语编制工作，并通过线上线下多渠道向境外金融机构宣传推广、解读《银行营业网点服务基本要求》《银行营业网点服务评价准则》等重要金融标准，为后续开展金融标准交流合作打下基础。

人民银行原呼和浩特中心支行与蒙古国央行以远程视频的方式召开金融标准交流会议，双方就金融标准的建设发展和应用领域等内容展开交流。我方围绕近年来新发布的《金融科技发展指标》（JR/T 0201—2020）、《金融业数据能力建设指引》（JR/T 0218—2021）等 9 项重点金融标准进行介绍，为加强中蒙两国金融标准化交流合作奠定了基础（见图 2-5）。

图 2-5　人民银行原呼和浩特中心支行与蒙古国央行参加线上金融标准交流会议

人民银行原哈尔滨中心支行充分利用地缘优势加强对俄罗斯金融标准宣传，指导哈尔滨银行充分发挥对俄金融品牌优势，依托广泛的俄罗斯代理行网络，持续做好金融标准化国际推广交流。将新版《不宜流通人民币　纸币》（JR/T 0153—2022）标准制作成俄文宣传材料向俄方银行介绍，并建议俄方银行在营业网点及其客户间进行宣传推广（见图 2-6）。

图 2-6　哈尔滨银行面向俄方金融机构讲解金融标准

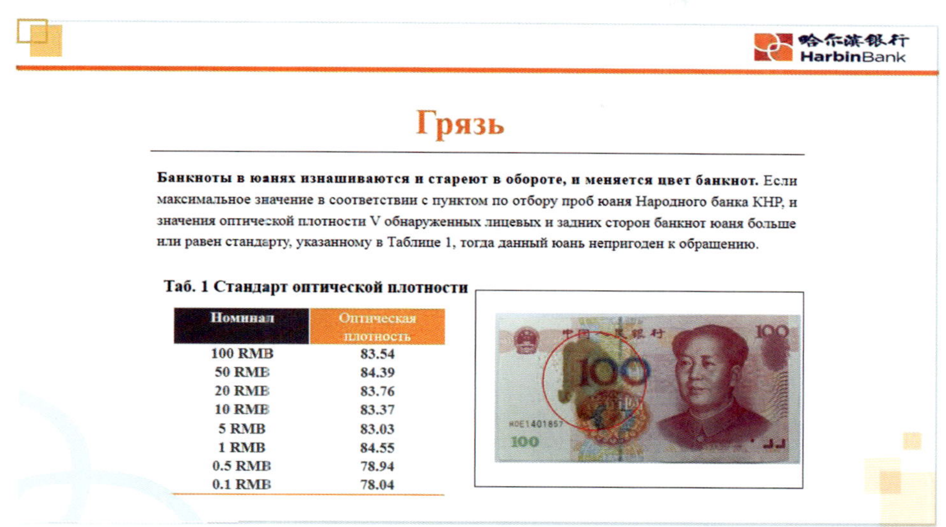

图 2-6 哈尔滨银行面向俄方金融机构讲解金融标准（续）

人民银行原昆明中心支行与老挝人民民主共和国银行举办“滇老双边央行视频会谈”。会上，原昆明中心支行与老方交流了我国金融标准化成果，将正式发布的《银行营业网点服务基本要求》老挝语版分享给老方，感谢老方对此项工作的帮助，同时希望随着中老铁路的贯通能畅通金融服务的交流，今后能与老方在金融标准化方面进行更多的合作。

人民银行原乌鲁木齐中心支行持续梳理总结近 4 年与哈萨克斯坦金融标准交流成果，完善金融标准与“一带一路”专题宣传材料（中文版和俄文版），借助人民银行原霍尔果斯口岸支行的区位优势，与辖内部分跨境企业沟通联系，将我国中英对照版金融标准化宣传资料和长图通过跨境企业发送至哈萨克斯坦企业及公众。通过中国工商银行莫斯科分行、阿拉木图分行与俄罗斯、哈萨克斯坦两国银行就《银行营业网点服务基本要求》中英文版等 4 项金融标准进行交流。

第三章

金融国际标准、国家标准和行业标准应用

- 《银行产品服务（BPoS）内部描述手册的最佳实践》国际标准应用
- 《金融服务　金融信息交换会话层　第 2 部分：FIX 会话层》国际标准应用
- 《基于文本数据的金融风险防控要求》国家标准应用
- 《用于金融服务的公钥基础设施　实施和策略框架》国家标准应用
- 《自助银行网点服务要求》国家标准应用
- 《碳金融产品》行业标准应用
- 《面向老年人的证券期货业移动互联网应用程序设计规范》行业标准应用
- 《金融服务生僻字处理指南》行业标准应用
- 《金融行业信息系统商用密码应用》（共三部分）行业标准应用

第一节　《银行产品服务（BPoS）内部描述手册的最佳实践》国际标准应用

2022 年 12 月 16 日，国际标准化组织（ISO）正式发布《银行产品服务（BPoS）内部描述手册的最佳实践》（ISO/TR 6083—2022）国际标准。这是继《金融服务参考数据　银行产品服务（BPoS）描述规范》（ISO 21586—2020）国际标准发布后，又一个由我国专家召集制定的银行产品服务领域的国际标准。

一、编制背景

2020 年 10 月，为提高银行产品服务手册的编写质量，提升金融机构服务水平和市场竞争力，中国银行业协会组织编写并发布《银行产品服务手册描述指南》（T/CBA 207—2020）金融团体标准。自 T/CBA 207—2020 发布以来，金融机构结合业务实践编写产品服务手册，产生了一批优秀案例。

为共享银行产品服务标准化实践经验，进一步支持《金融服务参考数据　银行产品服务（BPoS）描述规范》（ISO 21586—2020）国际标准落地实施，由中国银行业协会专家担任标准工作组召集人并主笔，中国农业银行和中国工商银行专家积极支持，共同编写了《银行产品服务（BPoS）内部描述手册的最佳实践》（ISO/TR 6083—2022）。

二、主要内容

该标准以《银行产品服务手册描述指南》（T/CBA 207—2020）团体标准为蓝本，在 ISO 21586—2020 标准内容基础上，描述了银行内部人员需知晓的银行产品服务内容，以便银行人员为客户提供完整、一致和准确的服务，并对银行产品服务涉及的银行内部角色、信息系统、监管法规、内部规制以及填表样本和收集客户意见与建议的方法等给出了描述的措施。

三、标准意义与价值

《金融服务参考数据　银行产品服务（BPoS）描述规范》和《银行产品服务

（BPoS）内部描述手册的最佳实践》配合贯彻实施有利于各银行产品服务提供商对服务客户的员工进行规范培养，有利于为客户提供高质量的银行产品服务，进一步提升我国在国际标准化的贡献度。

第二节　《金融服务　金融信息交换会话层 第2部分：FIX会话层》国际标准应用

2022年4月12日，国际标准化组织（ISO）正式发布《金融服务　金融信息交换会话层　第2部分：FIX会话层》（ISO 3531-2:2022）国际标准。该标准的发布展现了我国在FIX会话层协议方面的技术积累，我国标准与国际标准一致性程度进一步加深。

一、编制背景

金融信息交换协议（FIX）创建于1992年，由FIX标准化组织（FIX Trading Community）主导。据估计，FIX协议在超过180个国家、全球约5万个法律实体中得到广泛应用。全球主要券商、投行、交易场所都采用了FIX协议。对于交易所挂牌的金融产品，包括权益、债券、衍生品、外汇等，FIX协议是覆盖其交易前到交易后的主要协议。

二、主要内容

ISO 3531-2:2022描述的FIX会话层协议是FIX协议的重要组成部分，包括四个预定义的会话套件：FIX4.2、FIX4、FIXT和LFIXT。FIXT会话套件实现了应用层和会话层的解耦。LFIXT是FIXT的轻量化裁剪版本，是最早由上海证券交易所和深圳证券交易所联合研制的金融行业标准，目前已被FIX标准化组织吸收成为官方支持的标准会话套件。

三、标准意义与价值

将FIX协议纳入ISO标准为ISO/TC 68提供了金融工具交易的全球事实标准。FIX会话层类协议既可以承载ISO 20022消息，也可以承载符合其他应用层标准的消息，比如金融产品标记语言（FpML）。因此，在标准化金融工具交易全球事实标准的同时，也为其他业务领域的应用层协议提供了标准的会话层协议，可以自然地赋能其他业务领域。

第三节　《基于文本数据的金融风险防控要求》国家标准应用

2022 年 4 月 15 日，《基于文本数据的金融风险防控要求》(GB/T 41462—2022）国家标准正式发布，并于 2022 年 11 月 1 日起正式实施。该标准有助于参与市场的主体、市场监管者对风险及时地识别、发现、预警，提升风险防控的及时性。

一、编制背景

以自然语言形式表述的文本中存在大量非结构化金融信息，而面对海量的网络金融文本信息，单纯依靠人工分析很难有效满足金融风险防控需求。充分挖掘相关金融信息可为金融风险防控提供丰富的数据支撑和多样化的技术手段。

该标准是科技部国家重点研发计划“国家质量基础的共性技术研究与应用”重点专项下设的“金融风险防控关键技术标准研究”项目成果之一。

二、主要内容

该标准通过对现有技术的规范化梳理，提出对信息抽取、数据表示、分析预警等方面的一般性技术要求，明确关键技术流程和技术要求，为开展金融风险防控提供技术指导。该标准规定了基于文本数据金融风险防控的整体框架、文本数据要求、预处理、信息抽取、数据表示、分析预警、用户交互、系统评估、安全防护、软硬件要求。

三、标准推广与应用

《基于文本数据的金融风险防控要求》主要通过以下措施推动标准实施。

一是组织标准宣讲推广及相关培训。多渠道、多举措做好标准推广普及和实施能力建设，让更多标准使用者深入理解标准内容，保障标准的应用实施。

二是加强标准实施试点。以金融保险业为试点，为保险欺诈风险分析提供技术指导，在投保和理赔两个环节为保险公司提供预测支持，有效提高虚假保单的识别和提高核保效率与质量，降低人工审核保单的工作时长和降低保险领域由欺诈引发的道德风险，有助于进一步提高保险企业经营绩效。

三是建立标准实施情况反馈机制。挑选合适的标准试行机构，对反馈的标准贯彻实施情况及难点问题进行监测、分析，跟踪调研标准贯彻实施情况，分析技术应用难点，确保标准的有效运用和顺利实施。

第四节　《用于金融服务的公钥基础设施实施和策略框架》国家标准应用

2022 年 4 月 15 日，《用于金融服务的公钥基础设施　实施和策略框架》（GB/T 27913—2022）国家标准正式发布实施。该标准的发布有助于促进我国标准与国际标准之间的转化运用，提升国内外标准一致性程度。

一、编制背景

《用于金融服务的公钥基础设施　实施和策略框架》（ISO 21188:2018）国际标准是公钥基础设施（PKI）国际标准体系中的重要组成部分，也是金融信息安全的重要标准，主要对金融服务公钥基础设施的商业环境、认证机构、证书策略、认证业务、控制目标和程序、密钥和认证的生命管理控制等作出了要求，同时也定义了风险管理的控制目标和控制程序。

我国根据 ISO 21188:2006 版采标制定发布了国家标准《用于金融服务的公钥基础设施　实施和策略框架》（GB/T 27913—2011）。随着金融服务尤其是互联网金融服务的快速发展，以及网络信息技术的快速更新演进，ISO 对 ISO 21188:2006 标准进行了持续的补充与改进，对部分主要内容和控制措施重新分类和修订，并最终形成了 ISO 21188:2018 版。2018 年，金标委推动 ISO 21188:2018 采标项目立项，同时修订 GB/T 27913—2011。

二、主要内容

该标准描述了 PKI 组件以及 PKI 内各种实体所承担的角色，定义了金融机构利用 PKI 服务客户时可能面临的三种环境，即封闭环境、契约环境和开放环境。根据此三种环境分别设计了不同业务要求的证书策略，并在业务要求的基础上提出了不同的认证策略。

三、标准意义与价值

随着金融行业数字化建设与数字化转型发展的持续深入，金融行业对安全性、机密性和可信赖性交易的需求不断增长。GB/T 27913—2022 规定了金融服务中确保公钥基础设施整体完整性的方法和实践要求，有助于证书授权中心（CA 机构）建设可靠的基础服务设施，提供稳定的电子认证服务，进一步保障金融服务网络安全，助力数字金融建设与发展。

第五节　《自助银行网点服务要求》国家标准应用

2022 年 4 月 15 日，《自助银行网点服务要求》（GB/T 41461—2022）国家标准正式发布实施。该标准规定了自助银行建设、服务以及消费者权益保护等方面的相关要求，填补了自助银行金融服务领域标准空白，对于规范自助银行网点服务业态、提升自助银行服务管理水平具有重要意义。

一、编制背景

目前，我国自助银行（包括在行式和离行式）虽然在建设、运营、服务等方面出台了部分国家、行业、企业标准和规范，但仍存在下述短板：一是标准的门类不全，标准规范的内容主要集中在自助银行硬环境的安防建设以及自助设施设备上；二是缺乏整体性，相关技术要求分散于不同的国家和行业标准中，不利于标准的落地应用；三是涉及客户服务的内容不足，只在 2015 年发布的《银行营业网点服务基本要求》

（GB/T 32320—2015）、《银行营业网点服务评价准则》（GB/T 32318—2015）中对自助银行服务进行了部分提及。而对于反映新型自助银行服务需求的诸如咨询引导、智能服务、多语种服务，关乎客户服务质量效率的诸如耗材更换、吞卡处理、故障排查的时效性要求以及消费者权益保护等服务层面的内容还有很大空白，需要在自助银行服务标准中进行规范。

2019 年 7 月，国家标准委下达《自助银行网点服务要求》国家标准立项，该标准围绕消费者自助服务的安全性、便捷性、舒适性等方面提出要求，对提高自助银行网点的服务质量和安全性发挥了重要的作用。

二、主要内容

《自助银行网点服务要求》（GB/T 41461—2022）主要包含以下 6 个部分内容。

一是术语界定。厘清自助银行网点、自助银行服务模式等业界尚未有明确含义的术语的内涵外延，为精准理解和应用标准奠定基础。

二是服务设施设备。包括自助银行地理位置、基础设施安装设计、安防设施设备等方面的技术要求，以及日常巡查、维护措施要求等。

三是服务环境。包括自助银行网点内部和外部服务标识、服务设施提示、信息公示、自助银行内可悬挂张贴的物品和内容，以及其他环境要求等。

四是服务功能。包括存款、取款、转账、查询、改密等基础服务，并根据业务需要提供自助缴费、理财、基金、保险等增值服务的要求等。

五是服务管理。包括建立业务和运营管理制度，定期开展培训学习和检查，确保制度落实等相关要求。

六是消费者权益保护。包括客户风险提示、服务价格明示、异议处理、客户信息及交易安全保护等。

三、标准意义与价值

该标准是《银行营业网点服务基本要求》（GB/T 32320—2015）的配套标准，重点围绕消费者自助服务的安全性、便捷性、舒适性等方面提出要求，与 GB/T 32320—2015 主要针对传统物理网点的规范内容各有侧重，填补了自助银行金融服务领域标准空白，对全方位规范银行服务行为，普遍提高对国内外持卡人的服务质量和水平、保证客户生命财产及个人隐私安全具有重要意义。标准实施后将有利于自助银行网点及其服务业态的进一步规范，为自助银行的建设提供参考，为客户提供更加有安全保障的各类银行业务服务。

第六节　《碳金融产品》行业标准应用

2022 年 4 月 12 日，《碳金融产品》（JR/T 0244—2022）金融行业标准由证监会正式发布。该标准厘清了碳金融相关的基本概念，明确了中国碳市场的金融工具清单，为碳金融在中国的长远发展奠定了基础。

一、编制背景

为进一步贯彻落实碳达峰碳中和有关全国碳市场建设的重大决策部署，证监会围绕碳金融产品，综合参考国际《欧盟金融工具市场指令》《欧盟碳排放交易指令》等监管法规以及国内相关研究报告，将碳金融产品分为三大类别——碳市场融资工具、碳市场交易工具和碳市场支持工具，在此基础上分类制定六种碳金融产品实施流程的框架性要求，编制形成该标准。

二、主要内容

《碳金融产品》（JR/T 0244—2022）主要包含以下 3 个方面内容。

一是碳金融产品术语。涵盖 26 种碳金融产品相关术语和定义。

二是碳金融产品分类。碳市场融资工具包括碳债券、碳排放权抵质押融资、碳资产回购、碳资产托管等；碳市场交易工具包括碳债券、碳排放权抵质押融资、碳资产回购、碳资产托管等；碳市场支持工具包括碳指数、碳保险、碳基金等。

三是碳金融产品实施要求。实施主体包括合法持有碳资产且符合相关规定要求的国家行政机关、企事业单位、社会团体、个人以及提供碳金融产品服务的金融机构、注册登记机构、交易机构、清算机构等市场参与主体。实施流程涵盖碳资产抵质押融资、碳资产回购、碳资产托管、碳借贷、碳远期、碳保险六种碳金融产品的框架性流程。标准制定过程中考虑到不同金融机构在实际应用中内部管理和风控要求的差异性，以框架性流程作为参考，引导实施主体创新和应用碳金融产品。同时，考虑到我国碳市场的发展阶段和市场培育需循序渐进，标准目前仅制定了六种碳金融产品的框架性流程，其余碳金融产品的流程将随着市场的发展而不断完善。

三、标准意义与价值

碳金融是我国发展绿色金融的重要环节，该标准的发布实施填补了国内碳金融领域标准的空白，体现了我国应对气候变化和加快生态文明建设的现实需要。

从服务国家碳排放权交易市场建设来看，该标准的制定有助于逐步健全碳金融标准体系，促进建立全国统一的碳排放权交易市场和有国际影响力的碳定价中心。

从服务经营主体角度来看，该标准的出台有助于企业盘活碳资产和进行碳资产风险管理，激发企业的交易活力，也能有效助力金融机构等各类机构识别、运用和管理碳金融相关的产品，引导金融资源进入绿色领域，推动实体经济低碳转型。

从服务气候投融资工作的角度来看，该标准的出台强化了碳市场的金融属性，从而使碳市场与金融市场产生内在关联，吸引外部需求，进一步扩大市场的流动性，有利于激发更多包括碳金融衍生品在内的碳金融产品开发，倒逼市场加快形成更为完整的产品结构。

第七节　《面向老年人的证券期货业移动互联网应用程序设计规范》行业标准应用

2022 年 4 月 12 日，《面向老年人的证券期货业移动互联网应用程序设计规范》（JR/T 0246—2022）金融行业标准由证监会正式发布。该标准作为国内首个证券期货业移动互联网应用程序（以下简称 APP）适老设计方面的标准，为解决证券期货业“数字鸿沟”问题提供了方法指导。

一、编制背景

当前，我国信息技术快速发展，智能化服务得到广泛应用，深刻改变了人民大众的生产生活方式，与此同时，由于我国老龄人口数量快速增长，不少老年人不会上网、不会使用智能手机，在日常生活中遇到不便，老年人面临的“数字鸿沟”问题日益凸显。

2020 年 11 月，国务院办公厅印发《关于切实解决老年人运用智能技术困难的实施方案》（以下简称《实施方案》），提出了具体举措要求，包括推进互联网应用适老化改造，加快推进相关智能产品与服务标准规范制修订工作等，切实保障老年人安全使用智能化产品、享受智能化服务。证监会根据《实施方案》，组建专项工作组并制定工作方案。中证信息技术服务有限责任公司作为牵头单位，组织部分证券期货业机构成立标准起草组，针对老年人使用证券期货业 APP 困难的问题，结合行业业务特点和实际情况，制订了《面向老年人的证券期货业移动互联网应用程序设计规范》。

二、主要内容

该标准基于老年人使用证券期货业 APP 的需求，规定证券期货业“适老版”APP 的设计原则和规范，明确界定证券期货业“适老版”APP 所使用的语言文字库、屏幕显示、界面设计、客户服务等相关要求，规范证券期货业“适老版”APP 的个人信息收集、使用等活动，保障老年人安全、顺利地使用证券期货业 APP 服务。

一是产品设计原则。为使标准内容符合证券期货业 APP 的实际情况，遵从我国有关法律法规和证券期货业现行标准，标准在编制过程中遵循掌控感设计原则、信息无障碍设计原则、智能化设计原则。

二是产品设计要求。在 APP 的使用功能方面，对 APP 设计、开发时依据的标准进行了规定，具体包括：页面布局设计要求、文本设计要求、颜色用途、反馈提示设计要求、操作指令及功能设计要求、业务安全性等。

三是业务场景设计要求。从行业目前使用率较高的业务功能出发，在 APP 设计、开发时依据的标准进行了规定，具体包括：APP 登录设计要求、搜索功能设计要求、行情页面设计要求、新闻资讯设计要求、投资者教育设计要求、客户服务设计要求、风险评测设计要求、风险提示设计要求、协议签署设计要求、金融产品分类分级、业务办理设计要求等。

三、标准意义与价值

该标准的研制及发布是贯彻《实施方案》指示精神的重要体现，有效填补了行业

APP 适老设计标准的空白，进一步完善金融科技标准规则体系，为证券期货业机构进行 APP 适老化改造提供了参考标准依据，也为今后研究及推出行业 APP 适老认证业务打下坚实基础，将助力解决证券期货业“数字鸿沟”问题。

第八节 《金融服务生僻字处理指南》行业标准应用

2022 年 6 月 24 日，《金融服务生僻字处理指南》（JR/T 0253—2022）金融行业标准由人民银行正式发布。该标准旨在解决姓名中含有生僻字的客户在办理金融业务时因输入、显示、打印、存储、交换等环节出现的障碍，提供金融业处理生僻字的通用方法指南，提高金融业信息系统对生僻字的处理能力，提升金融业服务水平。

一、编制背景

随着经济社会数字化程度的不断深化，金融业务对实名制要求越来越严格，但部分客户因姓名中含有生僻字，办理金融业务时经常出现各种问题，制约了金融数字化转型升级和普惠金融发展，成为金融业亟须解决的痛点。为加快金融业生僻字问题治理，由人民银行科技司组织，北京金融科技产业联盟、招商银行股份有限公司、中信银行股份有限公司等共 27 家机构开展《金融服务生僻字处理指南》金融行业标准的编制工作。

二、主要内容

该标准规范了金融业生僻字问题涉及的相关术语和定义，对生僻字输入方式提供了技术指导，包括输入法、机读设备、信息系统输入配备等。同时，对生僻字的显示问题提供了可参考的解决思路，并结合金融机构实际工作场景，针对不同设备的生僻字打印提供处理方案。

此外，在生僻字信息交换方面，从数据库存储、文件存储、系统内部处理方面进行分析并提出方法。该标准同步对金融机构内部培训和投诉处理提出指导，提供生僻字开源项目辅助系统改造，并提供了相关机构案例，为金融机构生僻字治理提供参考。

三、标准推广与应用

《金融服务生僻字处理指南》主要通过以下措施推动标准实施。

一是加强金融服务生僻字标准宣传。以《金融标准化“十四五”发展规划》为指导，加强《信息技术中文编码字符集》(GB 18030—2022）国家标准、《金融服务生僻字处理指南》(JR/T 0253—2022）金融行业标准和《银行营业网点生僻字客户服务指南》(T/BFIA 017—2022）金融团体标准的宣贯工作，提高社会关注度，凝聚各方力量共同推进解决生僻字问题。

二是推动金融机构信息系统升级及配套人员技能培训。立足金融业生僻字标准规范，推动金融机构及相关机构的信息系统升级改造，集中金融科技优势资源，促进金融机构、金融科技企业等主体协同升级改造信息系统。鼓励开展多层级、多频次的生僻字业务专业技能培训工作，通过标准解读、专业宣讲、技能培训等方式提高金融从业人员生僻字业务操作水平。

三是推动建设金融业生僻字开源社区。以相关机构生僻字处理项目为基础，由金融社会团体孵化金融业首个生僻字处理开源社区，鼓励金融业持续关注生僻字问题，不断完善生僻字解决方案，形成金融业生僻字开源生态共建共享机制。

四是建设金融业生僻字信息平台。支持相关金融社会团体建设完善“金融业生僻字信息平台”（https://rucc.org.cn/），向社会公众提供金融业生僻字无障碍服务声明机构清单、科普生僻字问题知识、提供相关技术工具和参考文献材料、接受生僻字问题受困人群反馈并提供生僻字常见问题解决方案，并为金融机构生僻字治理提供指导参考。

五是持续开展生僻字治理验证工作。进一步扩大生僻字验证范围和金融机构规模，将结果在金融业生僻字信息平台上予以公示，为金融业生僻字治理工作提供宝贵的真实数据和参考资料。

六是增强金融业生僻字治理自觉自律。在“以人为本、创新发展、开放共赢、争优创先、践行责任”的金融业生僻字治理自律公约基础上，持续关注金融科技进步对金融服务便利性、安全性的影响，充分考虑生僻字问题受困人群的金融需求，不断增强金融服务包容性，推进解决金融民生问题。

第九节 《金融行业信息系统商用密码应用》（共三部分）行业标准应用

2022年11月25日，《金融行业信息系统商用密码应用 基本要求》（JR/T 0255—2022）、《金融行业信息系统商用密码应用测评要求》（JR/T 0256—2022）和《金融行业信息系统商用密码应用测评过程指南》（JR/T 0257—2022）三项标准由人民银行正式发布。该系列标准作为金融行业信息系统商用密码应用的规范性文件，为保障金融行业信息系统商用密码应用的合规、正确、有效提供了方法指导。

一、编制背景

为贯彻落实《中华人民共和国密码法》相关要求，进一步深化和完善金融行业商用密码应用工作，通过制定适用于金融行业信息系统商用密码应用和安全性评估的技术标准，规范和指导金融行业信息系统商用密码应用改造和安全评估工作。

二、主要内容

《金融行业信息系统商用密码应用基本要求》（JR/T 0255—2022）规定了金融行业信息系统第一级至第四级的密码应用技术要求和管理要求，从金融行业信息系统的设备设施物理和环境安全、网络和通信安全、设备和计算安全、应用和数据安全四个层面提出密码应用技术要求，保障金融行业信息系统的实体身份真实性、敏感数据的机密性和完整性、操作行为的不可否认性。从金融行业信息系统的管理制度、人员管理、建设运行和应急处置四个方面提出密码应用管理要求，为金融行业信息系统提供管理方面的密码应用安全保障。同时在附录中给出了金融行业重要信息系统密码应用设计示例、不同级别密码应用基本要求汇总列表、《金融行业网络安全等级保护实施指引 第2部分：基本要求》（JR/T 0071.2—2020）中关于密码应用要求内容与本文件的对应关系、密码应用方案模板、密钥生存周期管理等。

《金融行业信息系统商用密码应用测评要求》（JR/T 0256—2022）规定了金融行业信

息系统不同等级密码应用的测评要求，从密码算法、密码技术合规性和密钥管理安全性方面，提出了第一级到第四级的密码应用通用测评要求。从金融行业信息系统的物理和环境安全、网络和通信安全、设备和计算安全、应用和数据安全四个技术层面提出了第一级至第四级密码应用技术的测评要求。从管理制度、人员管理、建设运行和应急处置四个管理方面提出了第一级至第四级密码应用管理的测评要求。

《金融行业信息系统商用密码应用测评过程指南》(JR/T 0257—2022) 规定了金融行业信息系统密码应用安全性评估的测评过程，给出了密码应用安全性评估的基本原则、风险识别、风险规避和实施过程。从评估准备活动、方案评估活动、报告编制活动三个方面规范了密码应用方案的评估过程，从测评准备活动、方案编制活动、现场测评活动、分析及报告编制活动四个方面规范了信息系统密码应用安全性评估的过程。

三、标准推广与应用

一是积极开展标准宣贯培训工作。组织银行业金融机构、非银行支付机构等开展标准宣讲会、标准培训班等形式的宣讲和培训工作，多渠道、多举措做好标准的推广普及和实施能力建设，让更多的金融机构深入理解标准内容，提高金融行业信息系统商用密码安全防护能力。

二是推动标准落地实施。自标准发布实施以来，中国工商银行、中国建设银行、中国光大银行等金融机构已开展了金标密评试点，有效验证了标准的落地实施情况，取得了良好的效果。后续各金融机构可根据标准相关要求，开展信息系统密码应用安全建设，有序开展信息系统密码应用安全性评估，识别信息系统密码应用安全风险，加强信息系统密码应用安全防护。行业监管部门通过有计划、分步骤地配套摸底排查、专项检查等措施，稳妥推进标准的落地实施。

三是持续开展标准实施反馈工作。持续以各种形式不断收集来自金融机构、密评机构及相关标准实施机构的意见和建议，对标准的贯彻实施情况及难点问题进行监测、分析，针对标准应用中的难点问题提供方法指导，确保标准顺利实施。

第四章
金融团体标准和企业标准应用

- 《集成了5G与物联网的抵质押物管理技术方案》团体标准应用
- 《银行机构现金服务消毒规范》团体标准应用
- 《绿色金融数字化平台建设指南》团体标准应用
- 《扬州市农村普惠金融服务点服务规范》团体标准应用
- 《老年客户银行服务规范》团体标准应用
- 《小微企业绿色评价规范》团体标准应用
- 《雄安新区区块链支付平台》团体标准应用
- 《中国工商银行金融分布式账本技术应用规范》企业标准应用
- 《北京银行移动金融客户端应用规范》企业标准应用
- 《西南证券移动金融客户端应用规范》企业标准应用
- 《中国人寿保险股份有限公司电子保单服务标准》企业标准应用
- 《财付通金融分布式账本技术应用要求》企业标准应用

第一节　《集成了 5G 与物联网的抵质押物管理技术方案》团体标准应用

2022 年 3 月 23 日，《集成了 5G 与物联网的抵质押物管理技术方案》（TR/CBA 104—2022）金融团体标准由中国银行业协会正式发布。该标准是业界首个针对“5G+物联网”智能金融应用领域的团体标准，驱动“物联网+金融”进入新的发展阶段。

一、编制背景

在无线网络抵（质）押物数据回传场景中，当要求回传网络上行速率大于 50Mbps 或每平方公里抵（质）押物感知节点数量超过 5 万个时，需要采用 5G 网络回传。由于缺乏行业通用方案，导致数据治理与数据安全维护成本高，实现互联互通和数据资产利用难度大。通过编制《集成了 5G 与物联网的抵质押物管理技术方案》（TR/CBA 104—2022），提供基础技术和整体框架参考，实现全生命周期的抵（质）押物闭环管理。

二、主要内容

该标准聚焦银行抵（质）押物风控管理应用场景，针对贷前、贷中、贷后风险管理信息不对称、预警滞后、监管难度大、管理成本高等问题，集成 5G 与物联网的方案实现对抵（质）押物的实时动态管理。该标准提供了集成 5G 与物联网的抵（质）押物管理技术方案总体架构，以及技术方案的功能性及非功能性要求。其中功能性要求包括感知技术、边缘处理、连接技术、管理平台和数据对接等内容，非功能性要求包括性能效率、兼容性、易用性、可靠性、安全性、维护性和移植性等内容。

三、标准推广与应用

该标准由中国信息通信研究院和中国银行业协会共同发起，联合多家银行、运营商、技术厂商共同制定。中国信息通信研究院与中国银行业协会等相关机构通力合作，持续对标准进行宣传贯彻，包括对存在应用需求的银行机构提供落地培训、规划咨询；对相关解决方案的功能、性能、安全性等进行检验评估，以评促建；对应用成效较好的场景方案进行样板宣传推广等，发挥标准引领作用，以标准促进5G与物联网金融应用场景生态建设和行业发展。

第二节 《银行机构现金服务消毒规范》团体标准应用

2022年3月29日，《银行机构现金服务消毒规范 第1部分：现金》（T/SXPFS 0001.1—2022）、《银行机构现金服务消毒规范 第2部分：机具》（T/SXPFS 0001.2—2022）、《银行机构现金服务消毒规范 第3部分：场所和人员》（T/SXPFS 0001.3—2022）金融团体标准由山西省金融学会正式发布。该标准聚焦现金服务的安全性，为金融机构在突发性公共卫生事件时期提供了现金、机具、场所和人员的消毒方法，给出了消毒设备的技术要求以及消毒工作规范。

一、编制背景

2020年，人民银行发布《中国人民银行办公厅关于加强疫情防控期间现金使用安全的指导意见》（银办发〔2020〕16号），对金融机构现金使用安全做出了安排部署。为有效防止现金成为病毒的传播载体，切实做好疫情防控工作，确保群众用上“放心钱”“卫生钱”，在人民银行原太原中心支行的指导下，山西省金融学会积极践行金融标准支持金融业高质量发展理念，制定银行机构现金服务消毒规范团体标准。

二、主要内容

该标准分为3部分，《银行机构现金服务消毒规范 第1部分：现金》阐述了现金的消毒方法和消毒工作规范，提供了紫外线、等离子、电子束、消毒剂、高温五种消毒方式；《银行机构现金服务消毒规范 第2部分：机具》阐述了现金机具的消毒方法，提供了营业网点和现金中心（金库）等不同场景的消毒处理方法；《银行机构现金服务消毒规范 第3部分：场所和人员》阐述了现金作业场所的消毒与人员防护、消毒基本原则及方法选择，提供了紫外线消毒与臭氧消毒的消毒原理、操作方法与注意事项。同时，该标准根据《国家突发公共事件总体应急预案》事件分级，给出了疫情防控在一级、二级、三级等响应等级下的具体管控要求，提升了银行机构现金消毒服务的有效性。

三、标准推广与应用

该标准正式发布后，在人民银行原太原中心支行的指导下，全省银行业金融机构结合自身实际，全力保障疫情期间现金服务。在疫情胶着的关键阶段，各银行主动担当作为，对照标准严格落实，提升防护和服务能力；各银行服务网点、各农村便民服务点积极宣传、规范消杀，令百姓用上放心钱。该标准整体提升山西辖区银行业金融机构现金机具消杀水平，保障人民群众现金卫生安全，为疫情防控贡献金融标准力量。

第三节　《绿色金融数字化平台建设指南》团体标准应用

2022 年 6 月 6 日，《绿色金融数字化平台建设指南》（T/CQJR 001—2022）金融团体标准由重庆市金融学会正式发布。该标准为绿色金融数字化平台建设中的数据表达、交换、共享和使用提供指引，有利于金融机构规范搭建绿色金融数字化平台，促进绿色金融创新发展。

一、编制背景

随着“2030 年前实现碳达峰，2060 年前实现碳中和”被正式纳入《中华人民共和国国民经济和社会发展第十四个五年规划和 2035 年远景目标纲要》，各界亟须大量投资推动产业结构调整和新兴行业发展，绿色金融拥有巨大的发展空间。科技赋能是提升绿色金融服务质效的重要手段，为提升绿色金融数字化应用水平，强化科技赋能对绿色金融的技术支撑，重庆市金融学会牵头，多家金融机构共同研究制定了《绿色金融数字化平台建设指南》，为绿色金融数字化平台设计、开发和应用提供指导，助推绿色金融产品创新和服务质量提升。

二、主要内容

该标准包括总体原则、系统构成、基础数据元表示、基础数据元目录、平台功能和接口要求六部分内容。该标准明确了绿色金融数字化平台建设的总体原则：统一规划，分步实施；需求导向，突出特色；遵循标准，科学设计；稳步推进，注重安全。在系统构成方面，从系统整体架构出发，提出绿色金融数字化平台系统宜采用的部署方式、技术架构体系和系统功能模块组成；在基础数据元表示方面，提出数据元表达范式；在基础数据元目录方面，提出报表设计技术参数、绿色信贷数据技术参数、系统技术等要求；在平台功能方面，针对绿色金融数字化平台宜包含的功能模块提出要求，详细描述各功能模块，全面覆盖绿色金融的功能场景；在接口要求方面，从外部连接、交互方式、接口规范三个方面提出具体要求。

三、标准推广与应用

以《绿色金融数字化平台建设指南》为指引，人民银行原重庆营业管理部持续迭代“长江绿融通”绿色金融大数据综合服务系统。截至 2022 年末“长江绿融通”累计为 1100 余个绿色项目提供融资对接服务，促进绿色信贷 1200 多亿元。重庆银行优化行内绿色金融管理系统，实现绿色业务的智能识别、环境效益自动测算、环境风险多维监测等。截至 2022 年末，绿色金融管理系统识别授信业务上万笔，推动重庆银行绿色贷款规模达 276.2 亿元，较年初增加 85 亿元，增幅 44.5%。重庆农村商业银行优化行内绿色信贷业务管理系统，建设可视化工作台、绿色融资认定、环境信息披露、赤道原则管理、绿色金融统计报表、学习中心、系统管理等功能。同时，在国产软件基础上进行定制化开发，支持集群部署架构，满足多中心备份要求。截至 2022 年末，重庆农村商业银行绿色信贷余额达 487.15 亿元，较上年末净增 120.51 亿元，增幅 32.87%。

第四节 《扬州市农村普惠金融服务点服务规范》团体标准应用

2022 年 7 月 29 日，《扬州市农村普惠金融服务点服务规范》（T/YZJXBXH 1—2022）金融团体标准由扬州市金融消费权益保护协会正式发布。该标准规范了助农取款、现金汇款等基础支付业务，拓展了信贷需求采集、国债帮办、农业信息发布等服务功能，有效贯彻落实便农、助农、惠农政策，助力农业、农村现代化。

一、编制背景

推动农村普惠金融服务点建设是推进农村普惠金融高质量发展的重要举措。近年来，扬州市金融机构积极贯彻落实《关于江苏省农村普惠金融服务点提质增效（2020—2022年）的实施意见》（南银发〔2020〕60号），在基本完成农村普惠金融服务点升级改造的基础上，大力推动模式创新，打造“一心驿站”“邮福之家”等特色品牌，满足农村居民基本金融需求。为切实打通农村金融服务“最后一公里”，规范基础支付、金融产品服务、金融知识宣传等特色服务功能，扬州市金融消费权益保护协会牵头，多家金融机构共同研究制定了《扬州市农村普惠金融服务点服务规范》。

二、主要内容

该标准包括范围、规范性引用文件、术语和定义、支付业务、非支付业务、禁止性业务、服务保障7个部分，明确了农村普惠金融服务点支付和非支付业务的服务内容、流程和要求，同时也明确了禁止性业务范围，落实客户投诉处理等保障措施。其中，在支付业务方面，细化助农取款、现金汇款等支付业务的业务办理流程和服务要求，明确助农取款、现金汇款限额管理要求，强化个人信息保护，切实保障农村居民的财产安全；在非支付业务方面，涵盖信贷需求采集、国债帮办、农业信息发布等非支付服务功能，为农村居民提供全面、规范的金融服务；在服务保障方面，规定服务点准入退出、投诉处理流程等内容，规范服务点管理，加强金融消费者权益保护；明确适老化服务要求，切实满足老年人金融服务需求。

三、标准推广与应用

该标准发布后，扬州市金融消费权益保护协会通过调查走访、座谈会等方式，督促、引导辖内金融机构实施该标准，规范农村普惠金融服务。截至2022年末，扬州辖内1011个普惠金融服务点共采集信贷需求9691.03万元，实际发放信贷4852.23万元，帮办销售国债165笔，金额328.61万元，小面额货币兑换45.36万元，开展宣传787次。

扬州市金融消费权益保护协会将继续强化该标准的应用实施，适时组织开展标准实施情况的监测评估，发挥好标准的支撑、引领作用，持续推进农村普惠金融服务提质增效，保障服务质量，优化服务功能，便利百姓民生，助力乡村振兴。

第五节　《老年客户银行服务规范》团体标准应用

2022 年 8 月 4 日，《老年客户银行服务规范　第 1 部分：通用要求》（T/NBFS 9. 1—2022）、《老年客户银行服务规范　第 2 部分：网点服务》（T/NBFS 9. 2—2022）、《老年客户银行服务规范　第 3 部分：产品服务》（T/NBFS 9. 3—2022）、《老年客户银行服务规范　第 4 部分：上门服务》（T/NBFS 9. 4—2022）、《老年客户银行服务规范　第 5 部分：智能服务》（T/NBFS 9. 5—2022）金融团体标准由宁波市金融学会正式发布。该标准聚焦老年人金融服务场景和需求，统一和规范银行业金融机构服务老年客户的基本要求，更高质量、更可持续地全面推广适老化金融服务。

一、编制背景

2020 年 11 月，国务院办公厅印发《关于切实解决老年人运用智能技术困难的实施方案的通知》，要求切实解决老年人在运用智能技术方面遇到的突出困难，为老年人提供更周全、更贴心、更直接的便利化服务。金融领域针对老年人金融服务场景和需求的适老化服务要求存在内容同质化、质量参差不齐问题，以标准化方式总结提炼各类金融服务要求具有一定的必要性。在人民银行原宁波市中心支行的指导下，宁波市金融学会总结提炼宁波辖内老年客户银行服务工作经验，充分吸收《国务院办公厅印发关于切实解决老年人运用智能技术困难实施方案的通知》《中国人民银行金融消费者权益保护实施办法》（中国人民银行令〔2020〕第 5 号）、《移动金融客户端应用软件无障碍服务建设方案》（银发〔2021〕69 号）相关内容，组织制定老年客户银行服务规范系列团体标准。

二、主要内容

该标准分为 5 部分，《老年客户银行服务规范　第 1 部分：通用要求》是系列标准的总体要求，包括总体要求、基本要求、组织保障、消费者权益保护、宣教服务、社会责任等内容。

《老年客户银行服务规范　第 2 部分：网点服务》侧重于银行物理网点的服务规范，包括服务设施、咨询引导服务、柜面服务、应急服务等内容。

《老年客户银行服务规范　第 3 部分：产品服务》是对银行各类产品服务的总体要求，涵盖线上和线下渠道，包括产品设计、服务规范、增值服务等内容。

《老年客户银行服务规范　第 4 部分：上门服务》是对《老年客户银行服务规范　第 2 部分：网点服务》的补充，作为银行物理网点的延伸，包括服务对象、内容及方式、服务人员、服务流程等内容。

《老年客户银行服务规范　第 5 部分：智能服务》涵盖线上和线下各类渠道的智能服务，包括总体要求、自助终端服务、互联网服务、电话服务等内容。

三、标准推广与应用

宁波市金融学会积极推动标准推广应用，指导全市银行业金融机构围绕规范要求，因地制宜制定细化的内部要求，推动标准全面落地应用。在标准实施基础上，选择实施效果突出的银行营业网点作为示范点，集传统网点服务、现场互动教育、智能服务体验于一体，打造团体标准应用示范样板。

第六节　《小微企业绿色评价规范》团体标准应用

2022 年 11 月 7 日，《小微企业绿色评价规范》（T/ZJFS 008—2022）金融团体标准由浙江省金融学会正式发布。该标准作为全国首个面向小微企业的绿色金融标准，提出了小微企业的绿色评价原则、评价指标和评价程序，为我国小微企业的绿色金融评价提供了创新探索。

一、编制背景

目前，我国绿色信贷规模已位居世界第一，但“普惠金融不够绿色，绿色金融不够普惠”的情况仍然存在。蚂蚁集团和北京绿色金融与可持续发展研究院在台州“微绿达”

平台中，探索形成了以“流动性贷款绿色识别、主体绿色评价、绿色信息共享”为特点的服务小微企业绿色金融的数字化模式。为形成更通用的小微企业绿色评价原则、指标、程序和方法，在人民银行原杭州中心支行、台州市中心支行、湖州市中心支行及湖州市人民政府金融工作办公室指导下，浙江省金融学会组织蚂蚁集团、北京绿色金融与可持续发展研究院、北京国家金融标准化研究院等13家单位联合制定了《小微企业绿色评价规范》。

二、主要内容

《小微企业绿色评价规范》给出了小微企业的绿色评价原则、评价对象、评价指标和评价程序。评价原则和对象明确了小微企业绿色评价的五个原则和三类对象；评价指标包括绿色评价否决项、绿色评价核心指标（包括负向指标和正向指标）以及绿色评价附加指标三部分；评价方法包括直接评价法和相对评价法两种。

三、标准推广与应用

2022年，在该标准框架下，以服务小微企业绿色金融的数字化模式的台州“微绿达”平台，试运行三个月助力台州市金融机构完成流动性贷款绿色认定超过1.3万笔，识别流动性绿色贷款超过350亿元，推动台州辖区内一千万元以下绿色贷款占比翻番。

网商银行在该标准框架下搭建了“小微企业绿色评价模型”，上线小微主体绿色评价功能，并将评价结果内嵌至服务小微信贷业务的小程序中，实现小微绿色评价自动化。截至2022年末，网商银行已累计完成623万家小微企业绿色评级，为42万家小微企业提供信贷利率优惠。

第七节　《雄安新区区块链支付平台》团体标准应用

2022年12月27日，《雄安新区区块链支付平台　第1部分：参考模型及流程规范》（T/HBPFS 001.1—2022）、《雄安新区区块链支付平台　第2部分：银行接入规范》（T/HBPFS 001.2—2022）、《雄安新区区块链支付平台　第3部分：场景开发与接入规范》

(T/HBPFS 001.3—2022)、《雄安新区区块链支付平台 第4部分：安全与隐私规范》(T/HBPFS 001.4—2022)、《雄安新区区块链支付平台 第5部分：数据服务规范》(T/HBPFS 001.5—2022)、《雄安新区区块链支付平台 第6部分：管理规范》(T/HBPFS 001.6—2022) 金融团体标准由河北省金融学会正式发布。该标准制定了雄安新区区块链支付平台参考模型及流程规范、银行接入规范、场景开发与接入规范、安全与隐私规范、数据服务规范和管理规范，进一步推动雄安新区“区块链+支付”模式应用，为区块链技术大规模应用提供支持，快速服务于雄安建设。

一、编制背景

区块链支付信息服务是以区块链与智能合约技术为核心，通过业务流程触发形成支付指令，并对接银行支付网关实现资金支付的一种创新性区块链应用。前期，为解决工程建设资金管理场景中从业主体多、业务流程复杂、资金流向监管难等问题，雄安新区基于上述区块链支付信息服务模式，研发应用了工程建设资金管理区块链平台。为推动雄安新区“区块链+支付”模式应用，明确接入规范与接口要求，便于政府、银行和企业等各参与方使用和建设区块链支付平台，河北省金融学会牵头，多家金融机构共同研究制定了《雄安新区区块链支付平台》系列团体标准。

二、主要内容

该标准分为6部分，《雄安新区区块链支付平台 第1部分：参考模型及流程规范》总体阐述区块链支付定义、业务参考模型、技术架构和主要功能；《雄安新区区块链支付平台 第2部分：银行接入规范》重点阐述银行接入区块链支付平台的接入方法与接口规范；《雄安新区区块链支付平台 第3部分：场景开发与接入规范》重点阐述客户通过开放场景接入区块链支付平台的方法与接口规范；《雄安新区区块链支付平台 第4部分：安全与隐私规范》重点阐述区块链支付基础安全规范、数据安全与隐私规范；《雄安新区区块链支付平台 第5部分：数据服务规范》重点阐述区块链支付平台提供数据服务的方式和内容；《雄安新区区块链支付平台 第6部分：管理规范》重点阐述区块链支付平台基础管理、银行与客户准入、交易安全与管理等基础管理规范。

三、标准推广与应用

在工程建设资金支付领域，基于该系列团体标准框架下建设的区块链支付系统经过两年多的更新迭代及维护运营，系统功能已完善，并取得了良好的市场口碑。截至2022年末，雄安新区315个政府投资标段项目上链运行，涉及业主、总包、分包、供应商等3630家企业，合同总数7000余份，累计交易金额430亿元，其中发放雄安建设工人工资25.5万人次。根据区块链支付信息服务模式与特点，该模式除应用于工程建设资金支付领域外，也可应用于政府资金监管、多级供应链等多个复杂企业支付场景，具备较好的复制与推广应用前景。

第八节 《中国工商银行金融分布式账本技术应用规范》企业标准应用

2022年8月29日，中国工商银行股份有限公司（以下简称工商银行）公开《金融分布式账本技术应用规范》（Q/ICBC 4301—2022）企业标准。该标准规范了工商银行金融分布式账本技术应用建设要求，有效增强金融分布式账本技术应用的服务和管理能力，为工商银行高水平建设金融分布式账本核心技术平台提供有效指引。

一、编制背景

工商银行金融分布式账本技术应用经过五年多的不懈探索，从创新性试点向企业级服务转变，从依赖国外开源技术向自主研发全功能平台进阶，从单一式独立应用向平台化“行业+金融”综合服务跃升，积累了丰富的金融分布式账本技术研究、平台研发、场景应用、生态建设成果，行内外客户数量不断攀升，形成了较好的服务口碑。为顺应高质量发展新要求，在更高起点上推进金融分布式账本技术应用，工商银行融合最新科技成果固化形成《金融分布式账本技术应用规范》企业标准，以此推进金融分布式账本技术应用创新，提升线上业态服务能力，为工商银行金融分布式账本技术从“创新技术领先”迈向“应用服务领先”提供标准范本。

二、主要内容

工商银行根据人民银行、市场监管总局发布的2022年企业标准“领跑者”金融信息服务领域活动要求和《金融分布式账本技术安全规范》（JR/T 0184—2020）等相关标准，结合《中国工商银行标准体系》规定，制定了《金融分布式账本技术应用规范》企业标准。

该标准包括总体原则、基础平台、应用研发、技术服务指引、场景应用指引五个方面。该标准明确了金融分布式账本技术应用的总体原则，包括信息安全、高效稳定、便捷应用等内容；在基础平台方面，规定了金融分布式账本技术应用的安全体系，包括基础环境、密码算法、节点通信、账本数据、共识协议、智能合约、身份管理、隐私保护、监管支撑、运维要求、治理机制等内容；在应用研发方面，提出需求设计和智能合约编码相关要求，确保业务功能在金融分布式账本技术平台正确体现；在技术服务指引方面，介绍了可信存储服务、可信计算服务、可信数字身份服务、通证技术四种扩展服务能力；在场景应用指引方面，基于供应链金融、贸易金融、资金管理、数字资产四个核心金融业务应用场景，阐明该标准应用的场景要求和典型案例。

三、标准推广与应用

2022年，工商银行将该标准在全国企业标准信息公共服务平台公开并推动标准实施。该标准已纳入《中国工商银行标准体系》统一管理，按照中国工商银行企业标准宣贯要求开展宣贯工作，包括规划管理、修订管理、培训管理、例外管理和常态管理，提高标准落地执行力度。持续推动标准实施应用，在平台建设方面，围绕数据处理、传输、存储、隐私保护等环节，持续提高企业级金融分布式账本技术平台的整体性能和安全等级；在业务赋能方面，围绕贸易金融、资产服务、民生溯源、智慧政务、数字资产等领域探索新场景应用，运用分布式账本技术开展供应链金融应收账款融资，支持“一带一路”共建项目贷款“穿透式”管理，助力征拆迁资金、工程建设资金和社保基金统筹管理与穿透划拨，搭建零售消费联合营销生态，不断推动研究成果向业务应用的价值转化。

第九节 《北京银行移动金融客户端应用规范》企业标准应用

2022 年 9 月 14 日，北京银行股份有限公司（以下简称北京银行）公开《移动金融客户端应用规范》（Q/BOB 004—2022）企业标准。该标准有效提升了北京银行移动金融客户端应用的客户体验和整体质量，促进移动金融产品的规范、健康发展和应用创新。

一、编制背景

经历十余年发展，北京银行打造了“京彩生活”手机银行 APP 6.0，推出了“京行企业银行 5.0”，2022 年全新上线了“小巨人”2.0 普惠金融专属 APP，持续提升移动端用户的金融服务体验。为更好规范移动金融客户端应用，根据《中国人民银行关于发布金融行业标准加强移动金融客户端应用软件安全管理的通知》（银发〔2019〕237 号）要求，北京银行通过引用、转化相关国家（行业）标准及规范性文件，制定了《移动金融客户端应用规范》企业标准，坚定移动优先发展战略，提高移动金融客户端安全水平，保障金融消费者权益，持续打造开放、智能、便捷、安全的精品 APP。

二、主要内容

北京银行根据人民银行、市场监管总局发布的 2022 年企业标准“领跑者”金融信息服务领域活动要求和《信息安全技术 个人信息安全规范》（GB/T 35273—2020）、《移动金融客户端应用软件安全管理规范》（JR/T 0092—2019）等相关标准，制定了《移动金融客户端应用规范》企业标准。

该标准主要明确了北京银行移动金融客户端应用的总体原则，以及安全、管理、技术先进性、服务创新性和技术前瞻性五个方面的应用规范要求。为切实保护个人信息安全，移动金融客户端在处理个人信息方面应遵循合法、正当、必要的总体原则，具体包括“权责一致”“目的明确”“选择同意”“最小必要”“公开透明”“确保安全”“主体参与”等原则。在安全要求方面，包括实名备案、基本安全要求、个人信息安全、身份认证安全、密码应用安全、数据安全、风险提示和缺陷修复等内容；在管理要求方面，包括设计、开发、发布和维护要求等内容；在技术先进性方面，规范了移动金融客户端的兼容性、性能稳定性、升级更新方式和反欺诈等方面的设计要求；在服务创新性方面，规范了无障碍使用、视觉体验、用户全生命周期体验、普惠金融服务等方面的设计要求；在技术前瞻性方面，描述了支付安全技术和智能客服技术在提升安全防护和用户体验等方面的应用实践范式。

三、标准推广与应用

北京银行持续推进标准宣贯工作，支持各类移动金融客户端的迭代更新和创新发布。在零售端，持续营造服务“长尾客户”的独特优势；在公司端，聚焦客户在功能性、易用性、安全性、时效性、场景化等多方面的移动金融诉求，打造普惠金融生态，构建企业客户间市场。通过标准实施应用，与广大客户共同迈入崭新的数字经济时代，开创新时代高质量发展新局面。

第十节　《西南证券移动金融客户端应用规范》企业标准应用

2022 年 8 月 31 日，西南证券股份有限公司（以下简称西南证券）公开《西南证券移动金融客户端应用规范》（Q/SWSC 001—2022）企业标准。该标准紧贴行业需求与业务特点，为移动金融客户端应用软件质量和技术提供了规范和样本，有助于推动行业内客户金融服务体验的总体提升。

一、编制背景

为提升服务水平，提高市场竞争力，西南证券从 2017 年开始布局线上业务系统的自主研发和自主掌控，并筹备新一代西南证券 APP 综合服务平台建设。随着金融科技蓬勃发展，新平台建设面临安全防护、个人金融信息保护、风险监测、投诉处理机制、行业自律管理等挑战。2021 年 7 月，西南证券结合国家信息技术标准、安全管理要求、自身业务发展和开发实践编制了《移动金融客户端应用规范》，为新一代 APP 综合服务平台建设提供了标准指引。2022 年 8 月，西南证券修订完善该标准，重新发布《西南证券移动金融客户端应用规范》，原《移动金融客户端应用规范》废止。

二、主要内容

西南证券根据《金融标准化“十四五”发展规划》(银发〔2022〕18 号)、《证券基金经营机构信息技术管理办法》(证监会 152 号令)、《移动金融客户端应用软件安全管理规范》(JR/T 0092—2019)、《面向老年人的证券期货业移动互联网应用程序设计规范》(JR/T 0246—2022)、《中国金融移动支付　检测规范　第 3 部分：客户端软件》(JR/T 0098. 3—2012)、《个人金融信息保护技术规范》(JR/T 0171—2020) 等相关标准及监管要求制定了《西南证券移动金融客户端应用规范》。

该标准规定了移动金融客户端应用软件的安全要求、技术要求、创新及前瞻性要求，适用于移动金融客户端应用软件的设计、开发、维护及发布过程。在安全方面，明确用户注册、认证、交易、口令重置等多个环节内容，满足有关商用密码要求，提升个人信息安全保障水平；在技术方面，对移动金融客户端应用的兼容性、性能、客户端更新、软件共存等方面提出具体要求；在创新及前瞻性方面，通过规范移动金融客户端中云计算、大数据、生物特征识别、人工智能、区块链等技术手段，致力于满足客户需求、优化操作流程、提升服务质量。

三、标准推广及应用

自标准发布以来，以新一代“西南证券”“西南金点子”等应用为首的一系列手机金融 APP 均参考该标准实施开发，设计缺陷明显减少，安全漏洞得到有效避免，用户体验显著提升。实施该标准提升了西南证券应用软件研发的质量和安全运营水平，有力助推企业数字化转型，为广大客户提供更高质量的服务。

第十一节　《中国人寿保险股份有限公司电子保单服务标准》企业标准应用

2022年8月25日，中国人寿保险股份有限公司（以下简称中国人寿）公开《电子保单服务标准》（Q/XCGS 0001—2022）企业标准。该标准规范了中国人寿人身险电子保单业务从投保到责任终止全流程的业务和信息安全管理要求，涵盖承保、保全、理赔等各类业务场景，推动线上业务规范有序发展，为广大金融消费者打造更加便捷、安全、绿色、高效的服务。

一、编制背景

随着我国进入互联网时代，保险行业的客户服务逐步向数字化、线上化发展。中国人寿在2012年创新性推出了短期险电子保单，2020年新冠疫情期间加速推广电子保单，贯通线上承保“最后一公里”，随后全面优化升级寿险APP线上回执功能，实现了从新单投保到合同签收的承保全流程“零”接触空间的服务延展。为了进一步保障保险业务线上化的安全高效合规，中国人寿制定了《电子保单服务标准》企业标准，推动业务数字化、线上化、规范化发展，为客户提供高效、便捷、安全的保险服务。

二、主要内容

中国人寿根据《中华人民共和国电子签名法》（2015年8月31日）、《信息安全管理体系要求》（GB/T 22080—2016）、《保险电子签名技术应用规范》（JR/T 0161—2018）、《中国保监会关于印发人身保险业务要素基础数据规范等5个行业规范的通知》（保监统信〔2017〕188号）等国家法律、行业标准及监管要求，制定了《电子保单服务标准》企业标准。

该标准规定了电子保单实务规范、业务规范和信息安全规范等多方面内容。其中，在实务规范方面，明确了电子保单要素、版式和单证编码；在业务规范方面，明确了投保、制单、保险合同变更、归档、理赔、送单、查询、下载和验真要求；在信息安全规范方面，明确了数据和人员信息安全管理要求。

三、标准推广与应用

中国人寿深入推进标准化管理工作，积极践行绿色发展理念，致力于高标准规范投保全流程，不断提升服务质量。一方面，聚焦客户与销售伙伴两大用户，深耕数字化、场景化、社交化投保服务，集成30余项前后端智化能力，依托“数据+AI”重构投保价值链，实现从“客户投保—核保—双录—审核—保单生成送达”的全链路业务无纸化、线上化和智能化，个人长险新单实现100%线上化投保，新单时效全速提升，实现审核自动化及质检智能化。另一方面，充分认识节能降耗对保障和促进国民经济可持续发展的重要意义，坚决贯彻落实国家“双碳”目标决策，积极践行绿色发展理念，持续推进投保环节电子化。2022年累计生成电子保单9500万件，节约纸张超4000吨。

第十二节 《财付通金融分布式账本技术应用要求》企业标准应用

2022年8月31日，财付通支付科技有限公司（以下简称财付通）公开《财付通金融分布式账本技术应用要求》（Q/TX 039—2022）企业标准。该标准规范了财付通金融分布式账本技术架构，保障支付产品服务的安全性和可靠性，提升金融服务创新应用水平。

一、编制背景

2020年2月，《金融分布式账本技术安全规范》（JR/T 0184—2020）金融行业标准正式发布，该标准规定了金融分布式账本技术的安全体系，引导金融机构按照合适的安全要求进行系统部署和维护，为分布式账本技术大规模应用提供业务保障和信息安全风险约束。财付通积极推动金融分布式账本技术应用，为进一步规范财付通的金融科技创新应用，有效促进产品服务的安全性和可靠性，制定了《财付通金融分布式账本技术应用要求》企业标准。

二、主要内容

财付通在《金融分布式账本技术安全规范》（JR/T 0184—2020）、《信息安全技术个人信息安全规范》（GB/T 35273—2020）等相关标准的基础上，结合金融行业相关要求，制定了《财付通金融分布式账本技术应用要求》企业标准。

该标准提出了财付通金融分布式账本技术架构、系统建设要求、性能要求、安全要求以及金融创新应用场景等内容，适用于财付通金融分布式账本技术应用研发、部署和运营。在技术架构方面，规定了账本技术、共识机制、成员管理、智能合约、事务处理、事件分发、密码服务等技术要求以及接口调用要求；在系统建设方面，结合金融行业特点和场景需求，从系统开发运维、系统可靠性、兼容扩展等方面提出规范要求；在安全要求方面，包括分布式账本安全、身份管理及隐私保护、监管支撑等内容；在区块链电子发票、区块链（Trusted Execution Environment，TEE）隐私计算场景方面，分别提出应用分布式账本技术的要求。

三、标准推广与应用

财付通高度重视金融科技产品和服务的标准化及服务质量的提升，成立专门的标准化工作组作为组织保障，围绕产品设计、开发、交付、运营等生命周期关键环节，开展标准体系建设，推进标准落地实施。该标准为财付通推进金融级区块链技术应用提供了指导。以区块链电子发票应用为例，乘坐深圳出租车使用微信扫码支付后，可直接开具区块链电子发票，每年可节省出租车纸质发票成本三千万元以上。同时与国家税务总局深圳市税务局、云南省税务局合作，为交通出行、零售餐饮等支付场景开具区块链电子发票，两地累计开出区块链电子发票近亿张。以区块链 TEE 隐私计算为例，金融级区块链技术在跨主体数据流动的合规监管、多方联合精准营销、多方联合反洗钱等领域落地应用。

下一步，财付通将继续推动该标准实施应用，在此基础上进一步探索企业标准建设，将标准化融入技术开发和合规建设工作中，不断提高财付通金融产品和服务质量。

第五章

2023 年金融标准化工作展望

2023 年，金融标准化工作将以习近平新时代中国特色社会主义思想为指导，立足新发展阶段，完整、准确、全面贯彻新发展理念，构建新发展格局，全面贯彻落实党的二十大和中央经济工作会议精神，深入贯彻习近平总书记关于金融工作的重要讲话精神，落实《国家标准化发展纲要》《金融标准化“十四五”发展规划》工作部署，进一步强化标准在服务金融业高质量发展、支撑金融治理体系和治理能力现代化中的基础性、引领性作用。

一、推动金融标准化相关规划落实

推动《金融标准化“十四五”发展规划》各项任务有序实施，组织开展实施情况中期评估。

完善金标委管理制度和工作细则，健全金融管理部门联合发布跨领域行业标准的工作机制，提升标准化工作的统筹共建协调能力。健全标准建设全生命周期管理体系，完善标准预研、立项、在建、审查、发布、复审等各阶段操作手册。

二、持续完善金融标准体系

推动建设与现代金融体系相适应的新型金融标准体系，持续构建更加科学适用、结构合理、开放兼容且与国际接轨的金融标准体系，促进金融标准与金融监管、金融市场、金融服务的深度融合。

完善现代金融管理标准体系。加快金融机构风险管理、互联网金融智能风险防控等领域国家标准发布，推动个人借款人风险管理等标准研制和期货公司投资者适当性双录话术指南、金融数据应用建模指南等标准建设。

促进金融市场标准体系建设，推进人民币跨境支付、清算结算、征信链、信用评级等金融基础设施业务标准制定，研究构建资本市场数据标准体系，完善保险领域标准化建设，推动人身保险伤残评定及代码、保险消费投诉处理等国家标准发布。

加强金融产品和服务创新标准供给，健全绿色金融标准体系，加强绿色金融标准供给，加快绿色金融术语、金融机构碳核算和报告技术指南、金融业务碳核算技术指南等国家标准研制，助力“双碳”目标。推进数字普惠金融产品和服务标准建设；推动供应链金融业务技术指南等标准研制，支持供应链金融服务创新发展。

推进金融业数字生态标准建设，增强物联网技术、信息系统开源、分布式数据库、分布式账本、IPv6、数据中心智能运维等金融科技和信息基础设施标准供给，强化金融网络安全标准防护，加快金融业信息化核心技术安全可控标准建设，稳妥推进法定数字货币标准研制。

三、强化金融标准实施效能

持续优化金融标准实施评估方式，进一步扩大评估标准及参与机构范围，做好标准实施信息的收集与反馈。持续开展“金融标准　为民利企”主题活动，强化金融标准宣传普及和落地实施。在金融基础设施、网络安全、绿色普惠、法定数字货币等领域积极开展“金融标准+检测认证”试点示范工作，推动金融科技产品和服务纳入国家统一推行的认证体系。

开展长三角地区、粤港澳大湾区、成渝地区双城经济圈金融标准创新建设试点，探索可复制可推广的经验做法，助力国家区域发展战略实施。持续开展金融领域企业标准“领跑者”活动，进一步扩大活动范围与规模，在金融领域培育一批标准创新型企业。

深入开展金融业生僻字治理，推动落实强制性国家标准《信息技术　中文编码字符集》（GB 18030—2022）和金融行业标准《金融服务生僻字处理指南》（JR/T 0253—2022），支持人民银行对外服务信息系统生僻字处理摸排改造。鼓励相关单位积极参与金融业生僻字开源项目建设，共建金融业生僻字信息平台，共享生僻字问题解决方案和处理工具，提升金融业生僻字治理水平。

四、持续提升金融标准国际化水平

深化全球法人识别编码（LEI）实施应用，推动海南自贸港在跨境场景应用 LEI，探索与中国香港、新加坡合作开展跨境应用试点。支持 LEI 本地系统加快发展长三角地区、粤港澳大湾区、证券领域的 LEI 验证代理，持续提升本地系统运营能力。

加快信息交换、数据编码、交易报告、证券金融工具等重点领域先进国际标准转化应用，完成金融市场交易报告数据要素指南等标准发布。深化“一带一路”共建国家金融标准化交流，推动与越南、柬埔寨等沿边国家金融机构开展金融标准交流培训，加快《银行营业网点服务基本要求》越南语、柬埔寨语、葡萄牙语及《银行营业网点服务评价准则》葡萄牙语标准编制。

深入参与国际金融标准化活动，做好我国牵头的条码支付安全、第三方支付安全框架等国际标准编制工作，加快推进我国提出的人工智能可信框架、债券价格指标产品描述规范、数字货币硬件钱包安全参考模型等国际标准提案工作。

五、夯实金融标准化工作基础

组织开展金融标准化重点研究课题，加大银行、证券、保险相关领域协同研究力度，推动研究成果与标准研制高效衔接。完善金融标准制修订系统和金融标准全文公开系统，实现标准全生命周期在线管理。建设金融标准化服务平台，打造金融标准知识信息库。研发标准知识在线学习工具，常态化开展金融标准网络直播课堂。

建立健全金融标准化人才职业能力评价和激励机制，培养复合型标准化人才。强化专家智库建设，吸纳各领域人才加入金融标准化专家库。开展中小金融机构标准化能力提升专项行动，做好标准化工作指导和培训。

附　录

- 2022 年中国金融标准化大事记
- 2022 年发布、在建金融标准一览表
- 2022 年金融国际标准一览表

附录 A　2022 年中国金融标准化大事记

2022 年 1 月 23 日，人民银行、市场监管总局、原银保监会、证监会联合印发《金融标准化“十四五”发展规划》，明确“十四五”时期统筹推进金融标准化发展的指导思想、基本原则、主要目标、重点任务和保障措施。

2022 年 1 月 26 日至 27 日，全球法人识别编码体系监管委员会召开远程全体会议，人民银行科技司代表参加会议。会议确定由人民银行担任全球法人识别编码体系监管委员会副主席单位，并承担临时联合秘书处。

2022 年 2 月 22 日，中国专家牵头提出的 ISO/AWI TS 9546《第三方支付服务信息系统安全框架指南》在国际标准化组织金融服务技术委员会安全分委会（ISO/TC 68/SC 2）完成立项。

2022 年 3 月 16 日，亚洲金融合作协会正式成为国际标准化组织金融服务技术委员会（ISO/TC 68）A 类联络员。

2022 年 4 月 2 日，国家外汇管理局代码标准管理系统升级上线，实现 LEI 在外汇管理相关系统中的应用。

2022 年 4 月 6 日至 7 日，全球法人识别编码体系监管委员会执行委员会召开远程会议，人民银行科技司代表远程参加会议。

2022 年 4 月 12 日，国际标准化组织（ISO）发布 ISO 3531-2:2022《金融服务　金融信息交换会话层　第 2 部分：FIX 会话层》，该标准内容吸纳了《轻量级实时 STEP 消息传输协议》（JR/T 0182—2020）金融行业标准有关内容。

2022 年 4 月 12 日，证监会发布《证券期货业数据模型　第 4 部分：基金公司逻辑模型》（JR/T 0176.4—2022）、《碳金融产品》（JR/T 0244—2022）、《面向老年人的证券期货业移动互联网应用程序设计规范》（JR/T 0246—2022）、《面向老年人的证券期货业移动互联网应用程序设计检测规范》（JR/T 0247—2022）金融行业标准。

2022 年 4 月 15 日，市场监管总局、国家标准委发布《自助银行网点服务要求》（GB/T 41461—2022）、《信息处理　磁墨字符识别　第 1 部分：E13B 的印制规范》

（GB/T 12184.1—2022）、《信息处理磁墨字符识别　第 2 部分：CMC7 的印制规范》（GB/T 12184.2—2022）、《非银行支付机构支付业务设施技术要求》（GB/T 41460—2022）、《非银行支付机构支付业务设施检测规范》（GB/T 41463—2022）、《用于金融服务的公钥基础设施　实施和策略框架》（GB/T 27913—2022）、《基于文本数据的金融风险防控要求》（GB/T 41462—2022）金融国家标准。

2022 年 5 月 5 日，中国专家牵头提出的 ISO/AWI TS 32211《可持续金融产品和服务开发和实施指南》在国际标准化组织可持续金融技术委员会（ISO/TC 322）完成立项。

2022 年 5 月 16 日至 20 日，国际标准化组织可持续金融技术委员会（ISO/TC 322）召开工作会议，清华大学、中国标准化研究院、北京绿色金融与可持续发展研究院等单位专家参会。

2022 年 5 月 20 日，中国专家牵头提出的《交互式欺诈侦测技术能力》在国际电信联盟（ITU）完成立项。

2022 年 5 月 26 日，金标委证券分委会秘书处组织召开证券分委会专业工作组首席专家 2022 年第一次工作会议。

2022 年 6 月 8 日至 9 日，全球法人识别编码体系监管委员会召开远程全体会议，人民银行科技司代表远程参加会议。

2022 年 6 月 16 日，金标委银行间市场技术标准工作组召开远程工作会议。

2022 年 6 月 21 日，中金金融认证中心正式成为全球法人识别编码基金会认可的全球首家 LEI 验证代理数字证书机构。

2022 年 6 月 24 日，人民银行发布《金融服务　生僻字处理指南》（JR/T 0253—2022）金融行业标准。

2022 年 6 月 30 日，中国银联完成金融 IC 卡国际标准组织（EMVCo）管理委员会 2021—2022 年度轮值主席工作，期间推动 EMVCo 发布 40 余项技术规范文献，并召开 5 次全球性产业合作类会议。

2022 年 7 月 28 日，国家标准委、工业和信息化部、国家语言文字工作委员会在京联合召开《信息技术　中文编码字符集》（GB 18030—2022）强制性国家标准发布宣贯会，人民银行科技司司长、金标委副主任委员李伟受邀在会上介绍金融业生僻字治理工作有关情况。

2022年7月29日，人民银行科技司司长、金标委副主任委员李伟受邀向国家标准委有关部门进行主题为“金融科技与金融标准化”的专题讲座。

2022年8月16日，国际标准化组织（ISO）发布ISO 14100—2022《支持绿色金融发展的项目、活动和资产环境准则指南》，该标准由中国专家召集制定。

2022年8月23日和26日，人民银行与香港金融管理局召开LEI跨境应用合作远程交流研讨会。

2022年8月29日，人民银行发布《金融网络安全　信息科技外包评价指标数据元》（JR/T 0254—2022）、《不宜流通人民币　纸币》（JR/T 0153—2022）金融行业标准。

2022年10月9日，人民银行发布《金融领域科技伦理指引》（JR/T 0258—2022）金融行业标准。

2022年10月28日，中国专家牵头提出的《基于分片技术的分布式账本技术的技术框架》《分布式账本技术链间互操作的技术要求》在国际电信联盟第十六研究组（ITU-T SG 16）完成立项。

2022年11月7日至11日，国际标准化组织金融服务技术委员会（ISO/TC 68）召开工作会议，人民银行科技司、跨境清算公司、网联清算有限公司、成方金科上海分公司、中国银行业协会、工商银行、北京国家金融标准化研究院、中金金融认证中心、蚂蚁集团、金标委证券分委会等单位专家远程参加会议。

2022年11月9日至10日，全球法人识别编码体系监管委员会召开远程全体会议，人民银行科技司代表远程参加会议。

2022年11月14日，证监会发布《证券期货业机构内部接口　证券交易》（JR/T 0248—2022）、《证券业登记结算核心术语》（JR/T 0249—2022）、《证券期货业数据安全管理与保护指引》（JR/T 0250—2022）、《证券期货业信息技术服务连续性管理指南》（JR/T 0251—2022）、《场外通用传输接口》（JR/T 0252—2022）、《证券公司客户信息交换规范》（JR/T 0261—2022）、《证券经营机构投资者适当性管理　投资者评估数据要求》（JR/T 0262—2022）金融行业标准。

2022年11月24日，原银保监会发布《再保险数据交换规范》（JR/T 0036—2022）、《商业健康保险疾病代码》（JR/T 0239—2022）、《商业健康保险手术代码》（JR/T 0241—2022）、《电子保单商用密码应用规范》（JR/T 0242—2022）金融行业标准。

2022 年 11 月 25 日，人民银行发布《金融行业信息系统商用密码应用　基本要求》（JR/T 0255—2022）、《金融行业信息系统商用密码应用　测评要求》（JR/T 0256—2022）、《金融行业信息系统商用密码应用　测评过程指南》（JR/T 0257—2022）、《机器学习金融应用技术指南》（JR/T 0263—2022）金融行业标准。

2022 年 11 月 30 日，中国境内全球法人识别编码持码机构超过 10 万家。

2022 年 12 月 14 日，国际电信联盟（ITU）发布《分布式账本技术平台功能评测方法》《分布式账本技术平台性能评测方法》国际标准，上述两项标准由中国专家牵头制定。

2022 年 12 月 16 日，国际标准化组织（ISO）发布 ISO/TR 6083:2022《银行产品服务（BPoS）内部描述手册的最佳实践》，该文件由中国专家召集制定。

2022 年 12 月 24 日，金标委证券分委会秘书处组织召开证券分委会专业工作组首席专家 2022 年第二次工作会议。

2022 年 12 月 26 日，亚洲金融合作协会发布《个人金融信息保护指南》（AFCA-FTCC std 0003-2022）。

2022 年 12 月 30 日，市场监管总局、国家标准委发布《表示货币的代码》（GB/T 12406—2022）、《银行业　银行电信报文　商业标识代码》（GB/T 16711—2022）、《金融服务　全球机构法律形式》（GB/T 42182—2022）、《金融服务　安全加密设备（零售）第 1 部分：概念、要求和评估方法》（GB/T 21079. 1—2022）、《金融服务　安全加密设备（零售）第 2 部分：金融交易中设备安全符合性检测清单》（GB/T 21079. 2—2022）金融国家标准。

附录 B　2022 年发布、在建金融标准一览表

一、发布金融国家标准、行业标准一览表（截至 2022 年 12 月 31 日）

序号	标准编号	标准名称	类型
1	GB/T 41461—2022	自助银行网点服务要求	国家标准
2	GB/T 12184.1—2022	信息处理磁墨字符识别　第 1 部分：E13B 的印制规范	国家标准
3	GB/T 12184.2—2022	信息处理磁墨字符识别　第 2 部分：CMC7 的印制规范	国家标准
4	GB/T 41460—2022	非银行支付机构支付业务设施技术要求	国家标准
5	GB/T 41463—2022	非银行支付机构支付业务设施检测规范	国家标准
6	GB/T 27913—2022	用于金融服务的公钥基础设施实施和策略框架	国家标准
7	GB/T 41462—2022	基于文本数据的金融风险防控要求	国家标准
8	GB/T 12406—2022	表示货币的代码	国家标准
9	GB/T 16711—2022	银行业银行电信报文商业标识代码	国家标准
10	GB/T 42182—2022	金融服务全球机构法律形式	国家标准
11	GB/T 21079.1—2022	金融服务安全　加密设备（零售）第 1 部分：概念、要求和评估方法	国家标准
12	GB/T 21079.2—2022	金融服务安全　加密设备（零售）第 2 部分：金融交易中设备安全符合性检测清单	国家标准
13	JR/T 176.4—2022	证券期货业数据模型　第 4 部分：基金公司逻辑模型	行业标准
14	JR/T 0244—2022	碳金融产品	行业标准
15	JR/T 0246—2022	面向老年人的证券期货业移动互联网应用程序设计规范	行业标准
16	JR/T 0247—2022	面向老年人的证券期货业移动互联网应用程序设计检测规范	行业标准
17	JR/T 0253—2022	金融服务生僻字处理指南	行业标准
18	JR/T 0254—2022	金融网络安全信息科技外包评价指标数据元	行业标准
19	JR/T 0153—2022	不宜流通人民币纸币	行业标准
20	JR/T 0258—2022	金融领域科技伦理指引	行业标准
21	JR/T 0248—2022	证券期货业机构内部接口证券交易	行业标准

续表

序号	标准编号	标准名称	类型
22	JR/T 0249—2022	证券业登记结算核心术语	行业标准
23	JR/T 0250—2022	证券期货业数据安全管理与保护指引	行业标准
24	JR/T 0251—2022	证券期货业信息技术服务连续性管理指南	行业标准
25	JR/T 0252—2022	场外通用传输接口	行业标准
26	JR/T 0261—2022	证券公司客户信息交换规范	行业标准
27	JR/T 0262—2022	证券经营机构投资者适当性管理投资者评估数据要求	行业标准
28	JR/T 0036—2022	再保险数据交换规范	行业标准
29	JR/T 0239—2022	商业健康保险疾病代码	行业标准
30	JR/T 0241—2022	商业健康保险手术代码	行业标准
31	JR/T 0242—2022	电子保单商用密码应用规范	行业标准
32	JR/T 0255—2022	金融行业信息系统商用密码应用基本要求	行业标准
33	JR/T 0256—2022	金融行业信息系统商用密码应用测评要求	行业标准
34	JR/T 0257—2022	金融行业信息系统商用密码应用测评过程指南	行业标准
35	JR/T 0263—2022	机器学习金融应用技术指南	行业标准

二、在建金融国家标准、行业标准一览表（截至 2022 年 12 月 31 日）

序号	在建标准名称	类别	进展阶段
1	金融服务全球法人识别编码　第 1 部分：编码说明	国家标准	报批稿
2	金融服务个人识别码管理与安全　第 4 部分：核准 PIN 加密算法	国家标准	报批稿
3	金融服务个人识别码管理与安全　第 1 部分：基于卡系统的 PIN 基本原则和要求	国家标准	报批稿
4	金融机构风险管理　术语	国家标准	报批稿
5	金融机构风险管理框架	国家标准	报批稿
6	固定收益证券利息核算规范	国家标准	报批稿
7	债券价格指标产品数据采集规范	国家标准	报批稿
8	证券期货业数据安全风险防控数据分类分级指引	国家标准	报批稿
9	证券及相关金融工具金融工具分类（CFI）编码	国家标准	报批稿
10	金融网络安全威胁信息共享指南	国家标准	报批稿
11	互联网金融个人网络消费信贷信息披露	国家标准	报批稿
12	互联网金融个人身份识别技术要求	国家标准	报批稿

续表

序号	在建标准名称	类别	进展阶段
13	互联网金融智能风险防控技术要求	国家标准	报批稿
14	金融行业开源软件测评规范	国家标准	报批稿
15	基于文本数据的金融风险防控知识图谱构建技术框架指南	国家标准	报批稿
16	债券价格指标产品描述规范	国家标准	报批稿
17	金融服务采用对称加密技术进行报文鉴别的要求	国家标准	报批稿
18	金融信息化术语	国家标准	报批稿
19	金融信息系统网络安全风险评估规范	国家标准	报批稿
20	保险业车型识别编码规则	国家标准	报批稿
21	保险消费投诉处理规范	国家标准	报批稿
22	人身保险伤残评定及代码	国家标准	报批稿
23	金融信息服务产品描述规范	国家标准	送审稿
24	金融服务全球唯一交易识别码	国家标准	送审稿
25	金融服务中基于 Web 服务的应用程序编程接口技术规范	国家标准	送审稿
26	绿色金融术语	国家标准	送审稿
27	金融数据跨境安全要求	国家标准	征求意见稿
28	个人金融信息保护指南	国家标准	征求意见稿
29	银行及相关金融服务　基于 AES 的密钥封装	国家标准	征求意见稿
30	互联网金融　统计指标体系	国家标准	征求意见稿
31	互联网金融个人网络消费信贷　贷后催收风控指引	国家标准	征求意见稿
32	银行营业网点服务基本要求（越南语）	国家标准外文版	翻译
33	银行营业网点服务基本要求（柬埔寨语）	国家标准外文版	翻译
34	银行营业网点服务评价准则（葡萄牙语）	国家标准外文版	翻译
35	银行营业网点服务基本要求（葡萄牙语）	国家标准外文版	翻译
36	银行卡受理终端基本安全要求	国家标准	草案稿
37	金融服务密钥管理（零售）第 2 部分：对称密码及其密钥管理和生命周期	国家标准	草案稿
38	证券期货业与银行间业务　数据交换协议　第 1 部分：三方存管、银期转账和结售汇业务	国家标准	草案稿
39	期货市场客户开户数据接口	国家标准	草案稿
40	证券交易数据交换协议	国家标准	草案稿
41	银行营业网点服务　评价准则	国家标准	草案稿
42	银行营业网点服务　基本要求	国家标准	草案稿

续表

序号	在建标准名称	类别	进展阶段
43	银行业普惠金融业务数字化模式规范	行业标准	报批稿
44	金融数字化能力成熟度指引	行业标准	报批稿
45	票据市场　商业汇票基础数据元	行业标准	报批稿
46	金融业办公信息系统基本要求	行业标准	报批稿
47	金融数据中心容灾建设指引	行业标准	报批稿
48	金融信息基础设施运行指标体系	行业标准	报批稿
49	金融数据中心能力建设指引	行业标准	报批稿
50	信贷资产证券化标准合同文本	行业标准	报批稿
51	债券市场非金融企业压力测试工作规范	行业标准	报批稿
52	非金融企业债务融资工具簿记建档业务规范	行业标准	报批稿
53	银行业业务模型建模指南（5 部分）	行业标准	报批稿
54	债券发行招标与中标处理规范	行业标准	报批稿
55	金融科技人才能力规范	行业标准	报批稿
56	金融信息系统开源软件应用评估规范	行业标准	报批稿
57	金融业开源软件应用管理指南	行业标准	报批稿
58	银行业软件测试环境管理规范	行业标准	报批稿
59	个人借款人风险管理规范	行业标准	报批稿
60	银行业会计凭证基本信息描述规范	行业标准	报批稿
61	银行与合作方业务数据一致性处理规范	行业标准	报批稿
62	基于数字证书的移动终端金融安全身份认证规范	行业标准	报批稿
63	数字银行卡技术要求	行业标准	报批稿
64	云计算金融行业应用检测规范　容灾	行业标准	报批稿
65	云计算技术金融应用检测规范　安全技术要求	行业标准	报批稿
66	绿色债券信用评级规范	行业标准	报批稿
67	金融机构企业标准体系建设指南	行业标准	报批稿
68	云计算技术金融应用检测规范　技术架构	行业标准	报批稿
69	金融领域电子单证应用技术规范	行业标准	报批稿
70	票据市场　商业汇票业务信息模型规范	行业标准	报批稿
71	金融机具接入架构及驱动接口要求	行业标准	报批稿
72	银行产品服务内部基本过程与活动管理指南	行业标准	报批稿
73	证券期货业机构内部接口　账户管理	行业标准	报批稿
74	证券期货业机构内部接口　资讯数据	行业标准	报批稿
75	证券公司场外业务资金服务接口	行业标准	报批稿

续表

序号	在建标准名称	类别	进展阶段
76	公开募集证券投资基金信息披露电子化规范	行业标准	报批稿
77	证券市场交易结算资金监控数据接口　第 1 部分：证券公司	行业标准	报批稿
78	证券市场交易结算资金监控数据接口　第 2 部分：商业银行	行业标准	报批稿
79	证券期货业信息安全运营管理指南	行业标准	报批稿
80	绿色私募股权投资基金投资运作指南	行业标准	报批稿
81	期货公司监管数据采集规范　第 1 部分：基本信息和经纪业务	行业标准	报批稿
82	证券期货业信息系统密码技术应用指引	行业标准	报批稿
83	证券期货业信息系统渗透测试指南	行业标准	报批稿
84	证券期货业信息技术架构管理指南	行业标准	报批稿
85	证券期货业信息系统备份能力规范	行业标准	报批稿
86	证券公司核心交易系统技术指标	行业标准	报批稿
87	期货经纪合同要素	行业标准	报批稿
88	期货公司投资者适当性双录话术指南	行业标准	报批稿
89	证券期货业数据模型　第 5 部分：期货公司逻辑模型	行业标准	报批稿
90	上市公司公告电子化规范　第 1 部分：公告分类	行业标准	报批稿
91	上市公司公告电子化规范　第 2 部分：首次披露	行业标准	报批稿
92	上市公司公告电子化规范　第 3 部分：交易类临时公告	行业标准	报批稿
93	上市公司公告电子化规范　第 4 部分：公司治理类临时公告	行业标准	报批稿
94	上市公司公告电子化规范　第 5 部分：权益变动类临时公告	行业标准	报批稿
95	上市公司公告电子化规范　第 6 部分：融资类临时公告	行业标准	报批稿
96	上市公司公告电子化规范　第 7 部分：其他临时公告	行业标准	报批稿
97	上市公司公告电子化规范　第 8 部分：定期报告	行业标准	报批稿
98	上市公司环境信息披露指南	行业标准	报批稿
99	证券期货业基础数据元规范　第 1 部分：基础数据元	行业标准	报批稿
100	证券期货业基础数据元规范　第 2 部分：基础代码	行业标准	报批稿
101	上市公司行业统计分类与代码	行业标准	报批稿
102	保险业 IT 服务管理基本规范	行业标准	报批稿
103	保险行业区块链应用规范再保险	行业标准	报批稿
104	保险行业区块链应用规范　数字保单	行业标准	报批稿

续表

序号	在建标准名称	类别	进展阶段
105	保险资管产品股权投资计划数据标准	行业标准	报批稿
106	保险资管产品债权投资计划数据标准	行业标准	报批稿
107	保险业信息化绩效评价指标体系规范	行业标准	报批稿
108	保险行业常用汽车零配件术语	行业标准	报批稿
109	保险行业常用汽车零配件分类与编码	行业标准	报批稿
110	人工智能算法金融应用信息披露指南	行业标准	送审稿
111	个人征信电子授权安全技术指南	行业标准	送审稿
112	聚合支付安全技术规范	行业标准	送审稿
113	支付受理终端注册数据规范	行业标准	送审稿
114	集团客户识别与认定规范	行业标准	送审稿
115	人脸识别线下支付安全应用技术规范	行业标准	送审稿
116	条码支付安全技术规范	行业标准	送审稿
117	条码支付受理终端技术规范	行业标准	送审稿
118	基于分散密钥的数字证书认证技术规范	行业标准	送审稿
119	便民缴费金融应用技术规范	行业标准	送审稿
120	金融科技术语	行业标准	送审稿
121	银行间市场交易后数据规范	行业标准	送审稿
122	中国金融移动支付　支付标记化技术规范	行业标准	送审稿
123	金融市场交易报告数据要素指南　第 1 部分：全球唯一产品识别码	行业标准	送审稿
124	金融市场交易报告数据要素指南　第 2 部分：全球唯一交易识别码	行业标准	送审稿
125	金融市场交易报告数据要素指南　第 3 部分：其他关键数据要素	行业标准	送审稿
126	金融业开源技术　术语	行业标准	送审稿
127	机器人流程自动化技术金融应用指南	行业标准	送审稿
128	金融网络安全　网络安全运营中心建设指南	行业标准	送审稿
129	金融网络安全　信息基础设施网络安全防御技术框架建设指南	行业标准	送审稿
130	银行电子凭证技术规范	行业标准	送审稿
131	银行业理财信息登记数据元	行业标准	送审稿
132	商业银行理财业务和理财产品信息披露规范	行业标准	送审稿
133	远程音视频手机银行技术规范	行业标准	送审稿
134	银行间市场交易后处理业务规范（三部分）	行业标准	送审稿

续表

序号	在建标准名称	类别	进展阶段
135	银行间市场交易后处理技术规范	行业标准	送审稿
136	证券期货业第三方交易系统接入技术管理规范	行业标准	送审稿
137	证券期货业云技术应用安全规范	行业标准	送审稿
138	证券基金经营机构运维自动化能力成熟度规范	行业标准	送审稿
139	区域性股权市场跨链技术规范	行业标准	送审稿
140	区域性股权市场跨链数据规范	行业标准	送审稿
141	区域性股权市场跨链认证安全规范	行业标准	送审稿
142	区域性股权市场区块链通用基础设施通讯指南	行业标准	送审稿
143	证券期货业互联网应用程序接口安全规范	行业标准	送审稿
144	证券发行人信息披露文件编码规则	行业标准	送审稿
145	私募 FOF 底层基金数据传输规范	行业标准	送审稿
146	保险业信息系统灾难恢复管理规范	行业标准	送审稿
147	寿险公司柜面服务规范	行业标准	送审稿
148	银（邮）保通接口标准	行业标准	送审稿
149	保险公司统计分析指标体系规范	行业标准	送审稿
150	移动金融 APP 无障碍服务规范	行业标准	征求意见稿
151	移动证书应用技术规范	行业标准	征求意见稿
152	银行间市场软件构件规范	行业标准	征求意见稿
153	银行间市场软件构件评估规范	行业标准	征求意见稿
154	银行间市场数据脱敏技术评估规范	行业标准	征求意见稿
155	银行间市场数据分级分类实施指南	行业标准	征求意见稿
156	银行间市场数据质量评估指南	行业标准	征求意见稿
157	金融数据安全　数据安全评估规范	行业标准	征求意见稿
158	银行业组件化应用系统测试规范	行业标准	征求意见稿
159	金融数据应用建模指南	行业标准	征求意见稿
160	金融通用元数据规范	行业标准	征求意见稿
161	金融网络安全　网络安全能力成熟度模型	行业标准	征求意见稿
162	金融从业指南　绿色金融	行业标准	征求意见稿
163	证券基金经营机构即时通信接口规范	行业标准	征求意见稿
164	证券市场投资者法律保护环境评价指标体系	行业标准	征求意见稿
165	投资研究时序数据参考模型	行业标准	征求意见稿
166	证券公司与资产管理产品管理人及服务机构间对账数据接口	行业标准	征求意见稿

续表

序号	在建标准名称	类别	进展阶段
167	保险标准化工作指南	行业标准	征求意见稿
168	地震巨灾保险模型建设规范	行业标准	征求意见稿
169	人身保险增值服务体系规范	行业标准	征求意见稿
170	债券担保品管理流程技术规范	行业标准	草案稿
171	银行间市场债券产品信息披露操作流程及格式审核规范	行业标准	草案稿
172	信贷市场和银行间债券市场信用评级规范	行业标准	草案稿
173	金融业数据中心智能运维规范	行业标准	草案稿
174	金融业上云指引	行业标准	草案稿
175	分布式账本贸易金融规范	行业标准	草案稿
176	金融消费者投诉统计分类及编码　非银行支付机构	行业标准	草案稿
177	企业基本存款账户服务指南	行业标准	草案稿
178	供应链金融业务技术指南	行业标准	草案稿
179	中国金融集成电路（IC）卡检测规范	行业标准	草案稿
180	计算机视觉金融应用技术指南	行业标准	草案稿
181	电力数据金融应用指南	行业标准	草案稿
182	网上银行系统安全性测试规范	行业标准	草案稿
183	金融系统应用　后量子密码技术指南	行业标准	草案稿
184	金融分布式账本技术互联互通规范	行业标准	草案稿
185	非金融企业债务融资工具存续期信息披露要求	行业标准	草案稿
186	跨境支付清算基础数据元	行业标准	草案稿
187	金融分布式身份统一参考模型	行业标准	草案稿
188	分布式数据库技术金融应用规范　接口要求	行业标准	草案稿
189	分布式数据库技术金融应用规范　测试要求	行业标准	草案稿
190	分布式数据库技术金融应用规范　开发设计要求	行业标准	草案稿
191	金融行业 IPv6 规模部署和应用验证指标体系	行业标准	草案稿
192	基于 SRv6 的金融广域网络技术要求	行业标准	草案稿
193	物联网技术金融应用指南	行业标准	草案稿
194	联邦学习技术金融应用规范	行业标准	草案稿
195	金融网络安全　网络安全漏洞管理规范	行业标准	草案稿
196	绿色债券环境效益信息披露指标体系	行业标准	草案稿
197	绿色票据识别准则与流程	行业标准	草案稿
198	数字金融交易验证技术规范	行业标准	草案稿
199	贸易金融监管科技应用安全要求	行业标准	草案稿

续表

序号	在建标准名称	类别	进展阶段
200	支付受理终端蓝牙技术规范	行业标准	草案稿
201	证券期货业网络安全事件应急演练指南	行业标准	草案稿
202	面向大数据应用的证券期货业外部数据规范	行业标准	草案稿
203	保险业信息系统应急预案编制基本规范	行业标准	草案稿
204	保险行业机构代码编码规范	行业标准	草案稿
205	保险产品命名基本规范	行业标准	草案稿
206	寿险公司新契约回访服务基本规范	行业标准	草案稿
207	保险业信息系统运行维护工作规范	行业标准	草案稿
208	InSAR 技术保险防灾防损服务应用标准	行业标准	草案稿
209	城市内涝监测预警信息保险应用标准	行业标准	草案稿
210	石油石化行业巨灾保险数据采集规范	行业标准	草案稿
211	巨灾保险数据采集规范	行业标准	草案稿
212	APP 保单服务适老化体验标准	行业标准	草案稿
213	保险高质量理赔运营监控指标体系	行业标准	草案稿
214	联邦学习在保险客户隐私数据保护领域应用技术规范	行业标准	草案稿
215	保险私募基金数据标准	行业标准	草案稿
216	保险资管股票投资类数据标准	行业标准	草案稿
217	组合类保险资产管理产品数据标准	行业标准	草案稿
218	资产管理产品介绍要素　第 4 部分：保险资产管理产品	行业标准	草案稿

三、全国团体标准信息平台公开金融团体标准一览表（截至 2022 年 12 月 31 日）

序号	团体名称	标准编号	标准名称	发布日期	公布日期
1	中关村金融科技产业发展联盟	T/ZFIDA 0003—2020	联盟链平台账本数据结构规范	2022-12-28	2022-12-31
2	河北省金融学会	T/HBPFS 001. 6—2022	雄安新区区块链支付平台　第 6 部分：管理规范	2022-12-27	2022-12-31
3	河北省金融学会	T/HBPFS 001. 5—2022	雄安新区区块链支付平台　第 5 部分：数据服务规范	2022-12-27	2022-12-31
4	河北省金融学会	T/HBPFS 001. 4—2022	雄安新区区块链支付平台　第 4 部分：安全与隐私规范	2022-12-27	2022-12-31

续表

序号	团体名称	标准编号	标准名称	发布日期	公布日期
5	河北省金融学会	T/HBPFS 001.3—2022	雄安新区区块链支付平台 第3部分：场景开发与接入规范	2022-12-27	2022-12-31
6	河北省金融学会	T/HBPFS 001.2—2022	雄安新区区块链支付平台 第2部分：银行接入规范	2022-12-27	2022-12-31
7	河北省金融学会	T/HBPFS 001.1—2022	雄安新区区块链支付平台 第1部分：参考模型及流程规范	2022-12-27	2022-12-31
8	河北省金融学会	T/HBPFS 007—2022	银行重点区域多维数据综合风险管控平台建设（技术）规范	2022-12-27	2022-12-30
9	河北省金融学会	T/HBPFS 006—2022	银行营业网点新冠肺炎疫情防控运营管理指南	2022-12-27	2022-12-30
10	河北省金融学会	T/HBPFS 005—2022	银行机构人民币现金清分处理规范	2022-12-27	2022-12-30
11	河北省金融学会	T/HBPFS 004—2022	银行机构老年客群服务规范	2022-12-27	2022-12-30
12	河北省金融学会	T/HBPFS 003—2022	农村地区普惠金融服务站管理标准	2022-12-27	2022-12-30
13	河北省金融学会	T/HBPFS 002—2022	个人信用报告代理自助查询网点管理规范	2022-12-27	2022-12-30
14	金昌市金融学会	T/JCJRXH 001—2022	金昌市银行营业网点适老化服务规范	2022-12-6	2022-12-7
15	盐城市金融学会	T/YCJRXH 001—2022	盐城市银行业金融机构（法人）环境信息披露工作指南	2022-11-28	2022-12-6
16	肇庆市金融消费权益保护联合会	T/ZQJXB 001—2022	肇庆市银行营业网点适老化建设标准	2022-12-5	2022-12-5
17	伊犁哈萨克自治州金融学会	T/YLZJRXH 001—2022	伊犁农村普惠金融综合服务站建设指引	2022-11-23	2022-11-26
18	娄底市金融学会	T/LDFS 001—2022	中小微工业企业碳账户碳排放简易核算指南	2022-11-21	2022-11-21
19	晋城市金融学会	T/JCCFS 0003—2022	晋城市金融信用信息基础数据库接入机构个人征信异议处理操作指南	2022-11-16	2022-11-16
20	扬州市金融消费权益保护协会	T/YZJXBXH 2—2022	扬州市金融机构疫情防控工作规范	2022-11-14	2022-11-16

续表

序号	团体名称	标准编号	标准名称	发布日期	公布日期
21	永州市金融学会	T/YZFS 003—2022	银行业科技服务准入规范	2022-11-14	2022-11-16
22	浙江省金融学会	T/ZJFS 008—2022	小微企业绿色评价规范	2022-11-4	2022-11-7
23	浙江省金融学会	T/ZJFS 007—2022	银行业金融机构企业融资主体 ESG 评价与信贷流程管理应用指南	2022-11-4	2022-11-7
24	北京金融科技产业联盟	T/BFIA 017—2022	银行营业网点生僻字客户服务指南	2022-11-4	2022-11-7
25	天津市互联网金融协会	T/TJIFA 003—2022	数据资产登记、存证、确权业务标准	2022-11-1	2022-11-2
26	海南省金融发展促进会	T/HFDA 1004—2022	海南自贸港金融贡献评价准则	2022-10-21	2022-10-24
27	海南省金融发展促进会	T/HFDA 1003—2022	金融参事职业能力评价规范	2022-10-20	2022-10-21
28	海南省金融发展促进会	T/HFDA 1002—2022	金融机构社会责任评价准则	2022-10-19	2022-10-21
29	中国商业股份制企业经济联合会	T/EJCCCSE 002—2022	供应链金融体系标准	2022-4-25	2022-10-12
30	郴州市金融学会	T/CZFS 001—2022	乡村振兴　农村信用体系建设规范	2022-6-7	2022-10-10
31	浙江省金融学会	T/ZJFS 006—2022	绿色建筑项目贷款认定标准	2022-9-27	2022-9-29
32	邵阳市金融学会	T/SYFS 001—2022	新型农业经营主体信用信息管理规范	2022-9-5	2022-9-20
33	镇江市金融学会	T/ZCSFFB 001.2—2022	镇江市金融服务适老化服务规范　第2部分：移动业务	2022-9-14	2022-9-14
34	镇江市金融学会	T/ZCSFFB 001.1—2022	镇江市金融服务适老化服务规范　第1部分：营业网点	2022-9-14	2022-9-14
35	永州市金融学会	T/YZFS 001—2022	乡村振兴担	2022-9-3	2022-9-3
36	永州市金融学会	T/YZFS 002—2022	生猪活体贷	2022-9-3	2022-9-3
37	北京金融科技产业联盟	T/BFIA 016—2022	商业银行应用程序接口共享平台技术要求	2022-8-16	2022-8-19
38	北京金融科技产业联盟	T/BFIA 015—2022	金融科技智能服务终端（FIST）技术要求	2022-8-16	2022-8-19
39	北京金融科技产业联盟	T/BFIA 014—2022	金融技术产品开源项目管理指南	2022-8-16	2022-8-19

续表

序号	团体名称	标准编号	标准名称	发布日期	公布日期
40	北京金融科技产业联盟	T/BFIA 013—2022	面向新型金融应用的全 IP 数据中心网络技术要求	2022-8-16	2022-8-19
41	浙江互联网金融联合会	T/ZAIF 1001—2022	移动金融应用开发平台技术要求	2022-8-17	2022-8-17
42	中国银行业协会	T/CBA 219—2022	“领跑者”标准评价要求　金融信息服务　银行产品服务（BPoS）信息	2022-8-16	2022-8-17
43	南通市银行卡业协会	T/NTBCA 003—2022	南通市农村普惠金融服务点团体标准	2022-7-28	2022-8-15
44	南通市银行卡业协会	T/NTBCA 002—2022	南通市金融服务适老化工作规范	2022-2-27	2022-8-15
45	广州市数字金融协会	T/GZDFA 002—2022	面向信贷风险防控的知识图谱技术指南	2022-8-5	2022-8-5
46	宁波市金融学会	T/NBFS 9.5—2022	老年客户银行服务规范　第 5 部分：智能服务	2022-8-1	2022-8-4
47	宁波市金融学会	T/NBFS 9.4—2022	老年客户银行服务规范　第 4 部分：上门服务	2022-8-1	2022-8-4
48	宁波市金融学会	T/NBFS 9.3—2022	老年客户银行服务规范　第 3 部分：产品服务	2022-8-1	2022-8-4
49	宁波市金融学会	T/NBFS 9.2—2022	老年客户银行服务规范　第 2 部分：网点服务	2022-8-1	2022-8-4
50	宁波市金融学会	T/NBFS 9.1—2022	老年客户银行服务规范　第 1 部分：通用要求	2022-8-1	2022-8-4
51	宁波市金融学会	T/NBFS 8—2022	农村互助保险服务规范	2022-8-1	2022-8-4
52	宁波市金融学会	T/NBFS 7—2022	抵押贷款业务规范　农民住房	2022-8-1	2022-8-4
53	宁波市金融学会	T/NBFS 6—2022	个人信用贷款业务规范　道德银行	2022-8-1	2022-8-4
54	宁波市金融学会	T/NBFS 5—2022	抵押贷款业务规范　农村承包土地的经营权	2022-8-1	2022-8-4
55	宁波市金融学会	T/NBFS 3—2022	首贷服务中心建设与运行管理规范	2022-8-1	2022-8-4
56	宁波市金融学会	T/NBFS 2—2022	硬币自循环体系运行管理规范	2022-8-1	2022-8-4

续表

序号	团体名称	标准编号	标准名称	发布日期	公布日期
57	宁波市金融学会	T/NBFS 1—2022	学生金融教育社会实践基地建设与服务规范	2022-8-1	2022-8-4
58	广东省金融科技学会	T/GDJR 010—2022	商业银行个人理财销售专区录音录像规范　第十部分：音视频质检稽核	2022-8-2	2022-8-2
59	广东省金融科技学会	T/GDJR 009—2022	商业银行个人理财销售专区录音录像规范　第九部分：临柜智能双录	2022-8-2	2022-8-2
60	广东省金融科技学会	T/GDJR 008—2022	商业银行个人理财销售专区录音录像规范　第八部分：音视频质量	2022-8-2	2022-8-2
61	广东省金融科技学会	T/GDJR 007—2022	商业银行个人理财销售专区录音录像规范　第七部分：文档成像质量	2022-8-2	2022-8-2
62	广东省金融科技学会	T/GDJR 006—2022	商业银行个人理财销售专区录音录像规范　第六部分：人脸成像质量	2022-8-2	2022-8-2
63	广东省金融科技学会	T/GDJR 005—2022	商业银行个人理财销售专区录音录像规范　第五部分：居民身份证成像质量	2022-8-2	2022-8-2
64	广东省金融科技学会	T/GDJR 004—2022	商业银行个人理财销售专区录音录像规范　第四部分：话术表达	2022-8-2	2022-8-2
65	广东省金融科技学会	T/GDJR 003—2022	商业银行个人理财销售专区录音录像规范　第三部分：展示动作	2022-8-2	2022-8-2
66	扬州市金融消费权益保护协会	T/YZJXBXH 1—2022	扬州市农村普惠金融服务点服务规范	2022-7-29	2022-8-1
67	青海省金融学会	T/FIQ 001—2022	流动金融服务车服务管理要求	2022-7-25	2022-7-28
68	中国银行业协会	T/CBA 212—2022	银行函证服务平台　基本数据元	2022-4-27	2022-7-21
69	广州市数字金融协会	T/GZDFA 001—2022	金融行业分布式非结构化数据应用全栈国产化平台平滑迁移实施指南	2022-6-30	2022-6-30
70	中国保险行业协会	T/IAC 0003—2016	法医鉴定机构保险服务满意度评价指标	2016-12-30	2022-6-23

续表

序号	团体名称	标准编号	标准名称	发布日期	公布日期
71	重庆市金融学会	T/CQJR 001—2022	绿色金融数字化平台建设指南	2022-6-6	2022-6-16
72	中国互联网金融协会	T/NIFA 14—2022	网上银行服务　桌面端产品设计要求	2022-6-9	2022-6-16
73	中国互联网金融协会	T/NIFA 13—2022	网上银行服务　移动端产品设计要求	2022-6-9	2022-6-16
74	中国互联网金融协会	T/NIFA 12—2022	网上银行服务　基本要求	2022-6-9	2022-6-16
75	晋城市金融学会	T/JCCFS 0002—2022	商业银行绿色贷款评价指南	2022-5-13	2022-6-13
76	中关村金融科技产业发展联盟	T/ZFIDA 0001—2020	金融 AI 算法工程师职业能力标准	2020-10-26	2022-4-28
77	中关村金融科技产业发展联盟	T/ZFIDA 0002—2020	金融数据建模应用职业能力标准	2020-10-26	2022-4-28
78	山西省金融学会	T/SXPFS 0001. 1—2022	银行机构现金服务消毒规范　第 1 部分：现金	2022-3-29	2022-4-21
79	山西省金融学会	T/SXPFS 0001. 2—2022	银行机构现金服务消毒规范　第 2 部分：机具	2022-3-29	2022-4-21
80	山西省金融学会	T/SXPFS 0001. 3—2022	银行机构现金服务消毒规范　第 3 部分：场所和人员	2022-3-29	2022-4-21
81	北京金融科技产业联盟	T/BFIA 012—2022	银行营业网点适老服务要求	2022-4-7	2022-4-14
82	北京金融科技产业联盟	T/BFIA 011—2022	移动金融客户端应用软件无障碍服务评估规范	2022-4-7	2022-4-14
83	北京金融科技产业联盟	T/BFIA 010—2022	商业银行分布式联机交易系统技术规范	2022-4-7	2022-4-14
84	北京金融科技产业联盟	T/BFIA 009—2022	分布式数据库技术金融应用　检测指南	2022-4-7	2022-4-14
85	江门市金融消费权益保护联合会	T/JMJXB 001—2022	江门市银行业金融信用信息基础数据库个人征信异议处理业务管理与服务指南	2022-3-15	2022-3-23
86	中国互联网金融协会	T/NIFA 11—2022	商业银行互联网开放平台架构规范	2022-2-17	2022-3-2

附录 C 2022 年金融国际标准一览表

截至 2022 年 12 月 31 日，ISO/TC 68 现行有效标准 73 项，具体如下。

序号	ISO 编号	所属分委会	标准名称
1	ISO/TR 14742: 2010	TC 68/SC 2	金融服务 密码算法及其使用建议
2	ISO/TR 19038: 2005	TC 68/SC 2	银行业务和相关金融服务 TDEA 运算模式实施指南
3	ISO 11568-1: 2005	TC 68/SC 2	银行业务 密钥管理（零售）第 1 部分：原则
4	ISO 11568-2: 2012	TC 68/SC 2	金融服务 密钥管理（零售）第 2 部分：对称密码及其密钥管理和生命周期
5	ISO 11568-4: 2007	TC 68/SC 2	银行业务 密钥管理（零售）第 4 部分：非对称密码系统及其密钥管理和生命周期
6	ISO 19092: 2008	TC 68/SC 2	金融服务 生物特征识别安全框架
7	ISO 21188: 2018	TC 68/SC 2	用于金融服务的公钥基础设施实施和策略框架
8	ISO 9564-1: 2017	TC 68/SC 2	金融服务 个人识别码的管理与安全 第 1 部分：卡基系统中联机 PIN 处理的基本原则和要求
9	ISO 20038: 2017	TC 68/SC 2	银行及相关金融服务 密钥包
10	ISO 9564-2: 2014	TC 68/SC 2	金融服务 个人识别码的管理与安全 第 2 部分：核准的 PIN 加密算法
11	ISO 9564-4: 2016	TC 68/SC 2	金融服务 个人识别码的管理与安全 第 4 部分：电子商务支付业务中的 PIN 处理指南
12	ISO 13492: 2019	TC 68/SC 2	金融服务 密钥管理相关数据元 用于加密的 ISO 8583-1 数据元的应用和使用
13	ISO 13491-1: 2016	TC 68/SC 2	金融服务 安全加密设备（零售）第 1 部分：概念、要求和评价（估）方法
14	ISO 13491-2: 2017	TC 68/SC 2	金融服务 安全加密设备（零售）第 2 部分：金融交易中设备安全符合性检测清单
15	ISO 16609: 2022	TC 68/SC 2	金融服务 采用对称加密技术进行报文鉴别的要求
16	ISO/TR 21941: 2017	TC 68/SC 2	金融服务 第三方支付服务供应商

续表

序号	ISO 编号	所属分委会	标准名称
17	ISO 23195: 2021	TC 68/SC 2	第三方支付服务信息系统的安全目的
18	ISO 4217: 2015	TC 68/SC 8	表示货币的代码
19	ISO 6166: 2021	TC 68/SC 8	证券及相关金融工具　国际证券识别编码体系（ISIN）
20	ISO 9019: 1995	TC 68/SC 8	证券证书号码
21	ISO 9362: 2022	TC 68/SC 8	银行业 银行电信报文　商业标识代码
22	ISO 10383: 2012	TC 68/SC 8	证券和相关金融工具　交易所和市场识别码（MIC）
23	ISO 10962: 2021	TC 68/SC 8	证券和相关金融工具　金融工具分类（CFI 码）
24	ISO 13616-1: 2020	TC 68/SC 8	金融服务国际银行账号（IBAN）第 1 部分：IBAN 的结构
25	ISO 13616-2: 2020	TC 68/SC 8	金融服务国际银行账号（IBAN）第 2 部分：注册机构的角色和职责
26	ISO 17442-1: 2020	TC 68/SC 8	金融服务　全球法人识别编码（LEI）　第 1 部分：分配
27	ISO 17442-2: 2020	TC 68/SC 8	金融服务　全球法人识别编码（LEI）　第 2 部分：在数字证书的应用
28	ISO 18774: 2015	TC 68/SC 8	证券和相关金融工具　金融工具短名（FISN）
29	ISO 20275: 2017	TC 68/SC 8	金融服务　全球机构法律形式（ELF）
30	ISO 21586: 2020	TC 68/SC 8	金融服务参考数据　银行产品服务描述规范
31	ISO/TR 21797: 2019	TC 68/SC 8	金融服务参考数据　金融工具识别概况
32	ISO 23897: 2020	TC 68/SC 8	金融服务　唯一交易识别码（UTI）
33	ISO 4914: 2021	TC 68/SC 8	金融服务　唯一产品识别码（UPI）
34	ISO 24366: 2021	TC 68/SC 8	金融服务　自然人识别码（NPI）
35	ISO 24165-1: 2021	TC 68/SC 8	数字令牌标识符（DTI）　注册、分配和结构　第 1 部分：注册和分配方法
36	ISO 24165-2: 2021	TC 68/SC 8	数字令牌标识符（DTI）　注册、分配和结构　第 2 部分：用于注册的数据要素
37	ISO 5009: 2022	TC 68/SC 8	金融服务　官方组织角色　官方组织角色方案
38	ISO/TR 6083: 2022	TC 68/SC 8	银行产品服务（BPoS）内部描述手册的最佳实践
39	ISO 1004-1: 2013	TC 68/SC 9	信息处理磁墨字符识别　第 1 部分：E13B 的印制规范
40	ISO 1004-2: 2013	TC 68/SC 9	信息处理磁墨字符识别　第 2 部分：CMC7 的印制规范

续表

序号	ISO 编号	所属分委会	标准名称
41	ISO 8532: 1995	TC 68/SC 9	证券证书号码传输格式
42	ISO 8583-1: 2003	TC 68/SC 9	产生报文的金融交易卡交换报文规范　第 1 部分：报文、数据元素和代码值
43	ISO 8583-2: 1998	TC 68/SC 9	产生报文的金融交易卡交换报文规范　第 2 部分：机构标识代码（IIC）的申请及注册规程
44	ISO 8583-3: 2003	TC 68/SC 9	产生报文的金融交易卡交换报文规范　第 3 部分：报文、数据元和代码值的维护规程
45	ISO 9144: 1991	TC 68/SC 9	证券光字符识别线位置和结构
46	ISO 11649: 2009	TC 68/SC 9	金融服务　银行核心业务　汇款信息中收款方参考号
47	ISO 12812-1: 2017	TC 68/SC 9	移动金融服务　第 1 部分：基本框架
48	ISO/TS 12812-2: 2017	TC 68/SC 9	移动金融服务　第 2 部分：移动金融服务的安全和数据保护
49	ISO/TS 12812-3: 2017	TC 68/SC 9	移动金融服务　第 3 部分：金融应用生命周期管理
50	ISO/TS 12812-4: 2017	TC 68/SC 9	移动金融服务　第 4 部分：移动的个人对个人支付
51	ISO/TS 12812-5: 2017	TC 68/SC 9	移动金融服务　第 5 部分：移动的个人对企业支付
52	ISO 15022-1: 1999	TC 68/SC 9	证券报文方案（数据域字典）　第 1 部分：数据域和报文设计规则指南
53	ISO 15022-1: 1999/COR1: 1999	TC 68/SC 9	证券报文方案（数据域字典）　第 1 部分：数据域和报文设计规则指南（技术勘误表）
54	ISO 15022-2: 1999	TC 68/SC 9	证券报文方案（数据域字典）　第 2 部分：数据域字典和报文目录的维护
55	ISO 15022-2: 1999/COR1: 1999	TC 68/SC 9	证券报文方案（数据域字典）　第 2 部分：数据域字典和报文目录的维护（技术勘误表）
56	ISO 18245: 2003	TC 68/SC 9	金融零售业务商户类别代码
57	ISO 20022-1: 2013	TC 68/SC 9	金融服务　金融业通用报文方案　第 1 部分：元模型
58	ISO 20022-2: 2013	TC 68/SC 9	金融服务　金融业通用报文方案　第 2 部分：UML 概况
59	ISO 20022-3: 2013	TC 68/SC 9	金融服务　金融业通用报文方案　第 3 部分：建模
60	ISO 20022-4: 2013	TC 68/SC 9	金融服务　金融业通用报文方案　第 4 部分：XML Schema 生成
61	ISO 20022-5: 2013	TC 68/SC 9	金融服务　金融业通用报文方案　第 5 部分：反向工程

续表

序号	ISO 编号	所属分委会	标准名称
62	ISO 20022-6: 2013	TC 68/SC 9	金融服务　金融业通用报文方案　第 6 部分：报文传输特性
63	ISO 20022-7: 2013	TC 68/SC 9	金融服务　金融业通用报文方案　第 7 部分：注册
64	ISO 20022-8: 2013	TC 68/SC 9	金融服务　金融业通用报文方案　第 8 部分：ASN. 1 生成
65	ISO 22307: 2008	TC 68/SC 9	金融服务　隐私影响评估
66	ISO/TS 23029: 2020	TC 68/SC 9	金融服务中基于网络服务的应用程序接口（WAPI）
67	ISO 5116-1: 2021	TC 68/SC 9	提高财务和业务报告的透明度—协调主题—第 1 部分：欧洲用于监督报告的数据点方法
68	ISO 5116-2: 2021	TC 68/SC 9	提高财务和业务报告的透明度—协调主题—第 2 部分：数据点建模准则
69	ISO 5116-3: 2021	TC 68/SC 9	提高财务和业务报告的透明度—协调主题—第 3 部分：DPM 和 MDM 之间的映射
70	ISO 3531-1: 2022	TC 68/SC 9	金融服务　金融信息交换会话层　第 1 部分：FIX 标签/取值编码
71	ISO 3531-2: 2022	TC 68/SC 9	金融服务　金融信息交换会话层　第 2 部分：FIX 会话层
72	ISO 3531-3: 2022	TC 68/SC 9	金融服务　金融信息交换会话层　第 3 部分：FIX 会话层测试用例
73	ISO/TR 22126-5: 2022	TC 68/SC 9	金融服务　语义技术　第 5 部分：从 FIX Orchestra 映射到通用模型

截至 2022 年 12 月 31 日，ISO/TC 222 现行有效标准 1 项，具体如下。

序号	ISO 编号	所属分委会	标准名称
1	ISO 22222: 2005	TC 222	个人理财　理财规划师的要求

截至 2022 年 12 月 31 日，ISO/TC 322 现行有效标准 2 项，具体如下。

序号	ISO 编号	所属分委会	标准名称
1	ISO/TR 32220: 2021	TC 322	可持续金融　基本概念和关键倡议
2	ISO 32210: 2022	TC 322	可持续金融框架原则和指南